おさだゆかり

北欧スタイルで
たのしむインテリア

新鮮な暮らしをつくるわたしのアイデア

はじめに

今の住まいをリノベーションして暮らしはじめて10年。住居とワークスペースを兼ねた55平米の空間を手に入れたことで、それまで以上にインテリアに向き合う気持ちがぐっと高まりました。自宅で仕事をしていて、家で過ごす時間が長いわたしにとって、この場所をいかに快適にするかはとても大切です。北欧の友人の家を訪ねると、みんな心地よく暮らすためによく考え、工夫して、快適な住まいづくりをしています。そしてそこからヒントを得たら、東京での暮らしに取り入れてみます。

家にはいつもいい気が流れていてほしいので、新鮮な空気を保つように心がけています。植物を生けたら、それにあわせて隣にキャンドルを置いたり、壁に掛けている絵をかえてみたり。そんなちょっとした彩りを添えることで、部屋の空気はかわります。気分をがらっとかえたい時には、大胆な柄のテキスタイルをテーブルに掛ければ、空間は一気にリセットされます。時にはソファーやダイニングテーブルを移動させて、家具のレイアウトをかえてみたり。そんなふうに、自分の居場所を心地よくするための方法をいくつか知っていれば、心にゆとりがうまれ、毎日気持ちよく過ごすことができます。

もともと雑貨が大好きで、それが高じてバイヤーになり、ショップをはじめて16年、北欧には数えきれないほど通っています。商品の買付けをしながら、「これはうちにぴったりじゃない？」と私物もしっかり選びますし、基本的にほしいと思う気持ちにブレーキはかけません。目に入った瞬間ワクワクしたのなら、その気持ちに素直に従います。衝動的にほしいと思った時、唯一気をつけていること、それは他との調和です。家にあるモノとうまく調和しながら、もともとそこにあったかのように溶け込んでくれれば理想的。そんなふうに全体のバランスを考えながら、家具や照明を選び、そこに雑貨を加えて少しずつ変化させ、わたしなりの北欧スタイルの空間づくりをたのしんでいます。

もくじ

FURNITURE & LAYOUT

家具のレイアウトを時々かえれば
空間はリフレッシュします

ダイニングテーブルと椅子にソファー、いろんなタイプのスツールに照明。買付けで北欧に通ううちに、ヴィンテージ家具にすっかり魅了され、わが家にはヴィンテージの家具が少しずつ増えていきました。遊びに来る友人たちは、「この家ってなんだか落ち着くよね」と口々に言ってくれますが、それはきっと、家具や照明といった空間をつくるためのアイテムが、長い間人の手を通して使われてきたからなのでしょう。北欧の家庭で使い込まれた家具は、わたしが手にした時点ですでにいい色に育ち、味わい深さを増しています。「北欧モダン」と称される、優れたデザインの家具が数多く生み出されたのは1960年代。わが家のヴィンテージ家具も今からおよそ60年前につくられましたが、いつの時代にもなじむ柔軟性と確かな品質を感じます。
ダイニングテーブルやソファーなどの大物は、簡単に買替えはできませんが、レイアウトをかえて気分転換するという方法があります。大きな家具を動かすことで空間は様がわりして、気持ちもリフレッシュされます。わが家の基本のレイアウトでは、南側にダイニングテーブルとソファーをまとめていますが、ダイニングテーブルの向きをかえるだけでも、景色が違って見えます。季節によってはソファーを北側に移動させ、それによってうまれたスペースは、読書コーナーにしたり、スツールを置いて植物を飾ったり。そうすることで新鮮な心持ちで過ごすことができます。
大きな家具を動かせば、ふだん手の届かない場所の掃除もできて、気分がとてもすっきりするというおまけもついてきますよ。

ヘリンボーンにした床に白い天井と壁の空間は、南向きで自然光がたっぷり入る明るいダイニング。基本のレイアウトは、ダイニングテーブルとソファーを窓際にまとめた配置。ソファーを北側に移動させて、ダイニングテーブルだけにすると、広々としたダイニングスペースに。

P10-11の家具の配置からダイニングテーブルを壁際に移動させたパターン。ソファーとダイニングテーブルがあったスペースをダイニングテーブルだけにするとかなりゆったりします。椅子をハンス・J・ウェグナーの「ハートチェア」からアルネ・ヤコブセンの「Tチェア」に替えると、さらに印象がかわります。

REMODELING

家具のレイアウトを替えると
空間は様がわりします

基本のレイアウトはダイニングテーブルとソファーを南側に置いてリビング・ダイニングをコンパクトにまとめていますが、時々レイアウトをかえてその変化をたのしみます。2つの大きな家具を移動させることで、部屋の雰囲気が大きくかわるため、ソファーを北側に動かしてリビングスペースにし、ソファーのあった場所にダイニングテーブルを置き、ダイニングスペースとして空間をゆったり使います。

リビングとダイニングを分けることによって、それぞれにゆとりがうまれ、大きな家具を移動させることで、それまで家具に隠されていた角が現れます。そこにスツールを置いて植物を飾ったり、窓辺の読書コーナーをつくったり。コーナーづくりには気軽に移動できる軽い家具が役立ちます。布張りのベンチや、イージーチェア、スツールがあるおかげで、ふと思い立った時に模様替えができます。

北欧らしいブルーの生地を選んでつくってもらった「スタンダードトレード」のベンチ。軽さが魅力で、部屋のどんなところにも移動させて使えます。曲木のボックスはフィンランドのヴィンテージ。フタがフラットなので、小さなテーブルがわりに本やカップを置いて。

冬はモコモコ素材に囲まれるのもたのしみのひとつ。デンマークで見つけた、羊毛のイージーチェアはホールド力があって長時間座っても疲れません。冬のやわらかい日差しの中で本を読み終えたら、床暖房で暖められた床の上でゴロゴロ、という至福のひとときを過ごします。

ベッドサイドの小さなテーブルがわりにしている「STOOL 60」にデスクライトや時計を置いて。この色はヘルシンキのインテリアショップ「アルテック」で、「STOOL 60」の80周年を記念して発売されたもの。鮮やかなイエローが、白が基調の寝室でいいアクセントになります。

この「STOOL 60」は、「アルテック」でフィンランド独立100周年の2017年に記念として販売されたもの。羊の革をフィンランドのナショナルカラーであるネイビーに染めたスペシャルアイテム。ソファーの横に置くと小さなテーブルがわりに。ソファーとの色の相性がとても気に入り3カ月後に再びフィンランドを訪れた際に追加で購入。

STOOL

軽くて座面がフラットなスツールは座る以外にいろいろ使えます

北欧のスツールはヴィンテージ、現行品共にたくさん持っていますが、なんと言ってもその魅力は、椅子以外の使い方ができること。スツールによっては、座りやすさを考えて座面が窪んでいるものもありますが、フラットなら安心してモノが置けます。ソファーの横ではテーブルがわりに、植物や照明を置くスタンドとして、軽いので持ち運びしやすく、部屋のあちらこちらで活用しています。

アルヴァ・アアルトがデザインした「STOOL 60」や、P13のデンマークの家具メーカー、「フリッツ・ハンセン」のスツールはそれぞれ3脚ずつ持っていますが、スタッキングできるスツールを同じデザインで揃えると、すっきり重ねてしまうことができます。

デンマークの著名なプロダクトデザイナー、ナナ・ディッツェルがデザインしたベビーチェアをスタンドがわりに。使わなくなったベビーチェアをスタンドとして使っていた、北欧の友人の使い方を参考に。デンマークの美術館で展示されていて、美しいデザインに惚れ惚れした数年後、北欧家具 taloで見つけて。上のバスケットにはふだん使う財布などを、下のフタ付きには掃除道具をまとめて。

扇形の脚が特徴の「STOOL X601」は、フィンランドの野外フリーマーケットで入手。「そろそろ身のまわりを整理しようと思って」とおばあさんが出品されていたものです。使い込まれたレザーに惹かれ、座面がふかっとして座り心地も良さそうなので購入。ワークルームの窓側の足元を整理すればデスクワークコーナーにできると思い、スツールはここに収めました。北向きのデスクで書き物をすると、とてもはかどります。

LIGHTING

インテリアの大切な要素である照明は
複数づかいがおすすめ

「北欧の照明」と聞くと思い浮かぶのは、ダイニングテーブルの上に照明をかなり低く吊り下げた食卓。家族が集うあたたかな団欒を連想させる、しあわせなシーンです。

ひとり暮らしをはじめた頃に住んでいた物件は、天井に備え付けの照明があって、「照明を自分で付け替える」という概念そのものがありませんでした。北欧に通いはじめて気づいたのは、照明の専門店が多いことでした。お店にはすぐに暮らしに取り入れたくなる、いいデザインの照明が揃い、わたしも好きな照明を付けたいと思うようになりました。その後引っ越した集合住宅は、照明が備え付けではなく自分で取り付ける仕様になっていたので、「やっと好きな照明を付けられる！」とテンションが上がったものでした。そうして「いつか使いたい」としまっておいた、デンマークの「ルイス・ポールセン」のランプシェードを付けた時のよろこびと言ったら！　照明をひとつ取り付けるだけで、空間が様がわりすることを実感しました。それからというもの、買付けのテーマに「自宅の照明探し」が加わり、それまで以上に照明にフォーカスを当てて探すようになりました。

日本ではひとつの照明で部屋の隅々まで照らす、という考えが一般的のように感じますが、北欧ではひとつの空間で複数の照明を使います。窓辺やソファーを間接照明が照らす様子は、落ち着いたいい雰囲気です。

北欧の照明は「あかりを灯す道具」というより、「インテリアの大切な要素」として考えられ、優れたデザインが生み出されてきました。吊り下げ型の照明は空間の高いところに唯一あるインテリア。ここにどんな照明を選ぶか、家具と同じように、またはそれ以上に、気を使いたいところです。

ドーム型にライトグレーで色づけされたホーローのランプシェードは、デンマークのヴィンテージ。コペンハーゲンのアンティークショップで見つけたモノで、マットな質感とごく薄いグレーのニュアンスが気に入り、リビング用に購入。電球はIKEAで購入したリモコンで調光ができるもの。間接照明のあかりとバランスをみながら調光します。

トップの木製パーツがアクセントになった、デンマーク製のホーローのランプシェードは、ワークルームで2つ並べて使用。同じ照明を、2つ、3つと並べて下げるのもおすすめです。代官山でショップをはじめた頃にデンマークで見つけて、ショップ用に購入しました。

ENAMEL SHADE

ホーローのシェードは
空間へのなじみやすさ抜群

北欧の中でもとりわけデンマークは、グッドデザインの照明がたくさんつくられてきました。アンティークショップを訪れると、たくさんの照明が天井いっぱいに吊り下げられていて、いつもワクワクします。
シェードの素材で圧倒的に多いのがホーローです。実にさまざまなデザインがある中で、わたしが選んでいるのはごくシンプルな形です。主張のあるデザインより他と組み合わせた時になじみやすく、普遍的でいつの時代でも使える、そんなデザインがいいなと思って照明を探しています。

清潔感のある乳白色のガラスシェードは白い壁によくなじみ、ずっとそこにあったかのように空間に溶け込みました。この上なくシンプルな形をデザインしたのはミカエル・バング。「ホルムガード」で数々の照明をデザインしました。これからも彼が残した名作照明を探すのがたのしみです。

「ちょっと冒険」と思って購入したモスグリーンのガラスシェードは、吊り下げてみれば想像以上にこの空間にぴったりで思わずにんまり。こちらもミカエル・バングのデザイン。あかりを点ければ、シェード本体がやわらかなグリーンに光るのはガラスならでは。

GLASS SHADE

あかりのオン・オフで
雰囲気がかわります

デンマークの老舗グラスメーカー「ホルムガード」は照明をつくっていた時代があり、今でも当時のモノが時々見つかります。しっかりと厚みのあるガラスのシェードは、あかりを灯していない時は凛とした美しさがあり、あかりを灯せば、ガラス本体がふんわり明るくなり、やわらかな雰囲気になります。そのコントラストがガラスの照明の最大の魅力です。電球のワット数を変えれば、また違った光り方をしそうで、そんな可能性も使うたのしみになります。

スウェーデン製の照明はストックホルムのアンティークショップで購入。ティアドロップ型で乳白色のフロストガラスとチークのスタンドの組み合わせに一目惚れしました。あかりを灯せば、壁に光が映し出されると共に、ふんわりとやわらかな間接照明になります。

スウェーデン製のデスクライトは、やわらかなベージュと小ぶりなサイズ感が魅力。首を上に向ければ、壁の広い範囲が照らされ、飾ってあるモノの影がうまれます。小さいながらいい仕事をしてくれる名脇役。

TABLE LIGHT

間接照明を複数使って あかりをコントロール

天井から吊るすシーリングライトとあわせて使いたいのが間接照明です。広い範囲は照らさなくても、シーリングライトと一緒に部屋の何カ所かで使うことによって陰影をつくり出します。明るさの好みは人それぞれですが、人が集まる時は明るめに、逆にひとりの時は暗めに、とシチュエーションによって調整できるのは、複数づかいならでは。

わたしは夕食後から寝るまでの間は、間接照明だけで過ごします。デスクライトの角度をかえて光を拡散させてみると、植物やミニチュア家具のシルエットが浮かび上がり、部屋の一角に陰影がうまれて雰囲気がでます。小さなモノなら持ち運びが簡単なので、ソファーや寝室、ダイニングテーブルや棚の上など、その時々で、使う場所をかえられるのもいいところです。

TEXTILE

1枚の布がもたらす
空間への効果

1枚のテキスタイルをダイニングテーブルに広げる。それだけで空間は時にはパッと明るく、時にはシックに変化します。そんなテキスタイルの効果を知ったのは北欧の友人の家でした。季節は冬、窓の外はグレーの景色。高い天井と白い壁の無彩色の中に、マリメッコの生地が壁の高い位置から掛けられていました。マリメッコならではの大胆な柄と多色づかいは空間によく映え、1枚の布が空間の雰囲気を司る、ということを身をもって体験した出来事でした。
テキスタイルは、まとめてひとつの引き出しに色別に並べて収納していますが、ネイビーを中心にしたブルー系にグリーン、そしてブラウンやベージュ、そこに赤や黄色が少しだけ。これはクローゼットのワンピースのラインナップによく似ています。色の好みというものは、洋服もインテリアも自然と近くなるようです。
マリメッコのヴィンテージ生地で、これは！と気に入るのは、たいていマイヤ・イソラがデザインしたもの。大胆な柄でもコントラストが抑えめであったり、色使いが好みだったり。ヴィンテージの生地は現地で見つけても、状態があまりよくなかったり高価だったり、簡単には手に入りませんが、まだ見たことのないマイヤ・イソラの作品を根気よく探しています。
生地の端の部分を専門用語で“耳”といいますが、マリメッコの生地の耳には、デザイナーや生地の名前、年代などの情報が印刷されていて、この耳が文字の書体も含めてとても好きです。そのため耳は折り込まずにそのまま生かし、カットされた上下だけをほつれないようにアイロンテープで始末します。仕立てない布は、テーブルクロスに、カーテンにと用途を限定せずに使えます。

耳にはプリントに使われた色で、メーカー名、年代、柄のタイトル、デザイナー名が載っています。そのため古い生地がいつ、誰がデザインしたものなのか、情報を知ることができてとても助かります。4枚ともマリメッコを牽引したデザイナー、マイヤ・イソラによるもの。

MAIJA ISOLA “ISOT KIVET”
MARIMEKKO FINLAND 1959

〈大きな石〉という名前が付けられたテキスタイルは、モスグリーンとネイビーの色合わせが気に入って即買いしたもの。柄は大胆ですが、なじみやすい色を組み合わせているのでシックにまとまっていて、さらにネイビーの大きな丸はブラックで縁取りされているので立体感があります。使い込まれた布は色が抜けて落ち着いていてやわらかな手触り。新品のパリッとした生地にはない良さがあります。

ISOLA "ISOT KIVET" © MARIMEKKO OY SUOMI FINLAND 1959
MAIJA ISOLA
"ISOT KIVET"

MAIJA ISOLA “LOKKI”
MARIMEKKO FINLAND 1965

波打つ水面を描いたようなテキスタイル〈LOKKI〉。フリーマーケットで見つけた掛け布団カバーを2枚の生地に仕立てました。〈LOKKI〉はいろんな色が販売されてきましたが、とりわけこのブルーは北欧らしくてとても気に入っています。大きな柄ですが白とあわせた単純な柄は使いやすくて、色違いでブラウン、ブラックも持っています。

MAIJA ISOLA “KÄKI”
MARIMEKKO FINLAND 1961

刷毛で柄を描いたような連続柄には力強さがありますが、パープル寄りのネイビーに白をあわせているので、派手な印象にはなりません。この柄は左右対象ではなく、片方だけにラフに描いた丸が並んだ、自由なデザイン。どちらを前にもってくるかで、テーブルに掛けた時の印象がだいぶ違うので、1枚で2通りたのしめます。

Hをモチーフにした単純な連続柄の生地〈H55〉はアイノ・アアルトによるデザイン。北欧に通いはじめた頃にこの生地を購入し、その後もクッションカバーやポーチなど、この柄が好きすぎて、いろんなアイテムを持っています。初めて手に入れてからかれこれ20年近く経ちますが、飽きることなどなく、これからもずっと使い続ける名作ファブリックです。この柄は逆配色の黒地もあって、これもカーテンやテーブルクロスに使いますが、同じ柄ながらまったく違う雰囲気になります。

CURTAIN

小さな寝室のカーテンは気軽に付けかえて

日差しが強くなってくると濃色の生地に付けかえ。マリメッコの生地は1975年につくられたマイヤ・イソラのデザインで、〈TRAKTORI〉、フィンランド語でトラクター。その意味を知ると模様がわだちにしか見えません。

北向きの寝室の窓にはもともとカーテンレールはありませんでした。そこで後付けでステンレスのバーを取り付け、S字クリップで生地を等間隔に挟んでカーテンにしています。クリップで生地の丈を調節してアイロンを掛ければOK、という手軽さ。生地は通常2ｍで購入しているので、160㎝の窓の幅に掛ければ自然なドレープができます。ベッドとクローゼットに本棚を備えたコンパクトな寝室ですが、カーテンを付けかえると、明るくなったり、逆に落ち着いたり、小さな空間だからこそ、その効果は大きなもの。「寝室だから落ち着いた色を」なんてことは思わず、明るい色も積極的に取り入れます。さらに寒い時期になるとベッドにウールのブランケットを掛けるので、そのブランケットとカーテンの色や柄の組み合わせをあれこれ試すのも、冬のたのしみです。

一見不規則な柄に見える生地を使って、40㎝角と30㎝角のクッションカバーを4つ仕立てました。柄の特徴を生かして、1枚でも2つの柄がたのしめるようにしています。単独使いもできますが大小をサイズ違いで並べることでリズミカルに。

CUSHION

インテリアに加えたい
季節ごとのクッション

クッションのある暮らしは、日本ではまだそれほど浸透していないように感じます。クッションを背当てや枕がわりにするだけでなく、インテリアの一部として目で見てたのしんでほしいと思っています。
ソファーやベッドとの相性を考えながら色柄や形を選び、インテリアとなじませたり、逆にアクセントにしたり。個性的な柄や色鮮やかなクッションを置いてみると、いつものソファーが新鮮に見えますし、カーテンやテーブルクロスで冒険はできなくても、クッションサイズならそれほど抵抗なくチャレンジできます。30cm角のクッションやミニピローなど、小さいサイズで変化をつけるのもおすすめです。

P32と同じ〈LOKKI〉をピロー型のクッションに仕立てて。こちらもサイズを大小で揃えて。フチは布端の耳を生かしたデザインに。鮮やかなライトグリーンの効果で、ソファーまわりが明るい印象に。

WOOL CUSHION & BLANKET

やわらかいベージュトーンのピロー型クッションをまとめた冬コーナー。大きなサイズはコペンハーゲンにあるインテリアショップで見つけたウールのピローで、レース編みで縁取りされた丁寧な手仕事です。手前の2つは、20年以上前にパリのインテリアショップで見つけたミニピローでいまだ現役。

ウール素材は見た目も肌触りもたのしんで

冬が近づくと、クッションカバーをウール素材にかえてブランケットを添えれば、部屋は一気に冬の装いになります。厚手のブランケットややわらかなウールのクッションを置くだけで、部屋があたたかな空気に包まれるくらい、ウール素材の視覚的な効果は絶大です。わが家のウールクッションはグレーとベージュが中心ですが、色のトーンは揃えつつ、クロスやドットといった模様で変化をつけています。モコモコ素材のクッションは肌に触れると、夢見心地にしてくれる、なごみアイテムです。

大胆なクロスモチーフのウールブランケットは、スウェーデンのプロダクトデザイナー、ピア・ヴァレンのデザイン。ダブルフェイスでしっかり厚みのあるブランケットは、ソファーに敷いても使えます。グレーのクッションは、スウェーデンのゴットランド島で育つ、希少なグレーの羊の毛を使ったもの。クルクルした毛並みが愛らしく。

DECORATION

小さな飾りがもたらす
暮らしの彩り

木彫りのクマやリス、木靴やハリネズミのブラシ、ガラスの馬。北欧で見つけては目をハートにしながら手に取ったモノばかりで、気に入って手に入れた小物は、今ではかなりの数になります。モノとの出会いは一期一会、せっかく手に入れた小物は暮らしの中で生かしたいもの。棚の中にしまい込むのではなく、「飾る」と「しまう」を繰り返して、暮らしの中で循環させます。
好きだからと言って、たくさんのモノを一度に飾ってしまったら、ごちゃごちゃしてしまいます。飾るモノの数を絞って少数精鋭にすることで、ひとつひとつの良さが際立ちます。また、部屋のあちこちにモノをちりばめるのではなく、飾るのは決まった場所だけに。そうすることで空間全体はスッキリとした印象になります。
装丁に見惚れて手に入れた洋書を飾り、その装丁から連想される雑貨を隣に置いてみる。花を一輪買ってきたら、それに似合う器を選び、隣に並べるアイテムも見直します。その流れで他のコーナーにも少し手を加える。いい組み合わせがひらめいたらすぐに手を動かす。並べているモノを見直して少し変化させるだけで、空気は新鮮に保たれます。
動物モチーフの飾りや植物にキャンドル、どれもいわゆる生活必需品ではありませんが、わたしの暮らしには欠かせないモノばかり。コーナーに佇む小物にあたたかなまなざしを向け、植物の香りやキャンドルのあかりに癒される。ひとつひとつを身近に感じることで、日々は彩られてゆくのだと思います。

WALL DECO

個性的なファッションの女性たちがたのしげなリサ・ラーソンの陶板と、同じくリサ・ラーソンのネコとサークル型のキャンドルスタンドを下に置いて。壁に飾るモノと下に置くモノは、三角形を意識するとバランスがとりやすく、色を揃えるとまとまりやすいです。

壁に掛けたのは、北極圏ラップランドの遊牧民サーミ族の手工芸品で、トナカイの毛皮でつくられた子供用バッグ。右の木靴もサーミ族の手工芸品。サンタクロースを思わせるユニークなバターナイフと手編みの人形は、ラップランドへのオーロラツアーで見つけたモノ。真冬の北極圏に思いを馳せるディスプレー。

わたしだけのミニギャラリーは
テーマを持たせて遊んでみましょう

リノベーションによって広めのLDKをつくりましたが、建物の構造上壊せない「躯体《くたい》」がありました。せっかくなら、それを有効活用しようと考えたのが、ギャラリーのような小さなコーナーをつくることでした。リビングとダイニングを区切る壁の一部の表側には、何かを飾ることを前提にして奥行き10㎝の板を取り付け、裏側には同じサイズの板を3枚取り付けました。壁の表側には陶板や額装した絵を飾ったり、季節のリースを掛けたり、冬には模様のかわいい手編みの手袋を掛けたり。そしてそれに関連するモノを選んで下の棚に置きます。ミモザのリースを飾ったなら、黄色い小物を並べてみたり、手袋なら冬に採れる姫リンゴを飾ったり。色をあわせる、季節をあわせる、旅の思い出つながりであわせる。壁に飾ったモノと下に置くモノはそんなふうに考えるとすんなりまとまります。

ヘルシンキの古書店で見つけたアルヴァ・アアルトの「STOOL 60」について書かれた書籍は、モノトーンの写真に明るいグリーンが効いた装丁。そのグリーンに近い色のヘルシンキのガイドブックを隣に。右側に並べたのは、「アルテック」ガチャでゲットした(！)、アアルトのミニチュア家具。重ねているのは「STOOL 60」。

デンマークのインテリア誌「ARK JOURNAL」は、毎号カバーデザインが数種類あって、甲乙つけがたいデザインの中から選ぶたのしみがあります。静かなリビングシーンの表紙の写真にあわせ、スウェーデンの細長く繊細なシルエットとフィンランドのオーガニックなフォルムの2種類のガラスのキャンドルスタンドを並べて。

＋BOOK

装丁が美しい本は絵画のように飾って コーナーをつくってみる

買付けの合間に時間ができると書店に行きます。北欧の街には大型書店、古書店、デザインに特化したセレクトショップなど、すてきな本を揃えた店が多く、書店巡りは本当にたのしい時間です。とは言えハードカバーの本は重いので、「1回の買付けで本は3冊まで」とルールを決め、毎回厳選しています。インテリアや建築、料理の本を主に選びますが、装丁のデザインが好みだとぐっと心をつかまれます。買付けの片付けがひと段落すると、買ってきた洋書を壁に飾ってにんまり。装丁が美しい本を壁に立て掛けるのは、まるで絵画を飾るよう。「本棚に眠らせておくなんてもったいない」と思いながら、季節やその日の気分で本を選んでは飾ります。

コペンハーゲンの専門店で選んだ2枚のポスター。黒いフレームに額装するとキリッとして絵の良さが際立ちます。縦に横にと並べ方をかえるだけで印象がかわります。アルミ製の軽いフレームなので画鋲で簡単に留められ、厚さ13㎜なのでしまう時に場所をとりません。

マリメッコのブランド設立70周年を記念して発売された大判ポスターは、マイヤ・イソラが1965年にデザインした〈SEIREENI〉というテキスタイルの柄。水色の部分が赤のパターンもあって迷いつつも落ち着いた色をチョイス。ソファーの色あいになじんで。

＋POSTER

インテリアとの調和を考えた絵柄を1枚ですっきり、時には2枚並べて

旅先で訪れたミュージアムショップや、店主のこだわりが感じられる専門店で、思いがけず気に入りのポスターを発見することがあります。コペンハーゲンにある専門店は、デンマークのデザイナーの作品が壁いっぱいに飾られていますが、いつも手描きの丸や線をモチーフにした、そっけないくらいの抽象的な絵を好んで選んでいます。サイズはA3判で、同じサイズを選べば、いろんなサイズのフレームを用意せずに済みます。大判サイズのポスターは、サイズが微妙に異なるので、額装はせず壁に直接両面テープで貼ります。しまう時は丸めて紙製ホルダーに。

SHELF DECO

オーダーして造った引き出し式の食器用キャビネットは、キッチンカウンターでもある一台二役。表側には小さな雑貨を飾るためのスペースをつくりました。細長いスペースなので、窮屈な印象にならないよう、雑貨は等間隔にゆったり配置して。

小さなモノ限定の
ディスプレーコーナー

リノベーションしたら雑貨を飾る場所を設えたいと思っていました。その時意識したのは、あちこちに飾るのではなく、場所を限定して、飾る場所と飾らない場所との強弱をつけること。そうすれば空間としてすっきり見えます。
雑貨を飾るためのコーナーは3つにしぼり、躯体の壁の表（P42）と裏、もうひとつはキッチンカウンターに細長いスペースを造りました。奥行き高さ共に限られているので、大きなモノは置けませんが、サイズを限定して飾ることでコーナー全体がまとまりやすくなります。

P42の裏側に奥行き10cmの板を3枚造り付けたディスプレーコーナー。小さなモノしか飾れませんが、テーマを持たせるとうまくまとまります。今回のテーマは「北欧の酒器」。クリアと白の中に色物を差し込み、それぞれ2つ、3つと揃えてグループをつくることでリズミカルに。北欧のウォッカ用ショットグラスは日本酒にもぴったり。

TOP DECO

ダイニングとリビングを区切る頭上の躯体を生かし、大小のバスケットや手工芸品をディスプレー。バスケットは大きくても、軽くて編み目が密ではないので圧迫感はありません。鍋敷きや小さなバスケットは飾りながら使って。

ワークルームの窓には、当初から奥行きが7cmの窓枠があって、ちょっとした小物が飾れます。上の左側にはリスやハリネズミ、木靴など木製品を並べ、右側にはスウェーデンの国旗やゴットランド島の紋章をブルーでまとめて。

頭上に飾る時は
圧迫感のないモノを選んで

スウェーデンの地方で暮らす友人は、手工芸に携わる仕事を長くしていて、彼女の審美眼によって選ばれた手工芸品のコレクションは圧巻。まるで住まい丸ごとがギャラリーのようで、モノに対するあたたかいまなざしを感じました。リビングの壁の高いところには、バスケットがいくつか掛けられていました。床に置きがちなバスケットは、頭上にあっても圧迫感はありません。「これは家でもできそう！」と思いすぐに実践し、引っ越してからも大小のバスケットを高いところに飾っています。重ねてごそっと収納してしまいがちなバスケットですが、こうすることでひとつひとつの形や美しい編み目を愛でることができます。

FLOWER DECO

「TEEMA」のピッチャーは花器がわりによく使います。ベリーの枝の隙間にユーカリの葉を差し込んで、ブーケのように。ピッチャーの片口が花留めにもなるので、ボリュームが少ない時でも安定しやすいです。

四季折々の植物はいろんな器との組み合わせをたのしんで

近所にあるフラワーショップは花のセレクトがとてもよく、お祝いの花束は必ずここにお願いしています。そんないいお店が近くにあるので、ここに越してきてからよく花を飾るようになりました。季節の花を買ってきて、さて今日はどんなモノに生けようかと、色合わせやバランスを考えながら、棚からぴったりの器を選びます。わが家には花器らしい花器はあまりなく、ガラスのボトル、陶器のピッチャーや深いボウルなどに生けています。そんなふうに「テーブルウェアは食卓で」と限定しないことで、いろんな組み合わせを発見できます。

スティッグ・リンドベリがデザインしたディープボウルには、ライトグリーンの実とブロッコリーのような植物をあわせて。深さのある器はプランターカバーとしても使え、春先には鉢植えのヴィオラなどを入れます。

夏のスウェーデンの花といえばアストランティア。ダーラナの小さなホテルの庭や、友人のサマーハウスなど、この花を見ていると、かつて訪れたいろんな場所が浮かんできます。フィンランドのティモ・サルパネヴァがデザインしたパープルのボトルに生け、ワントーンにまとめて。

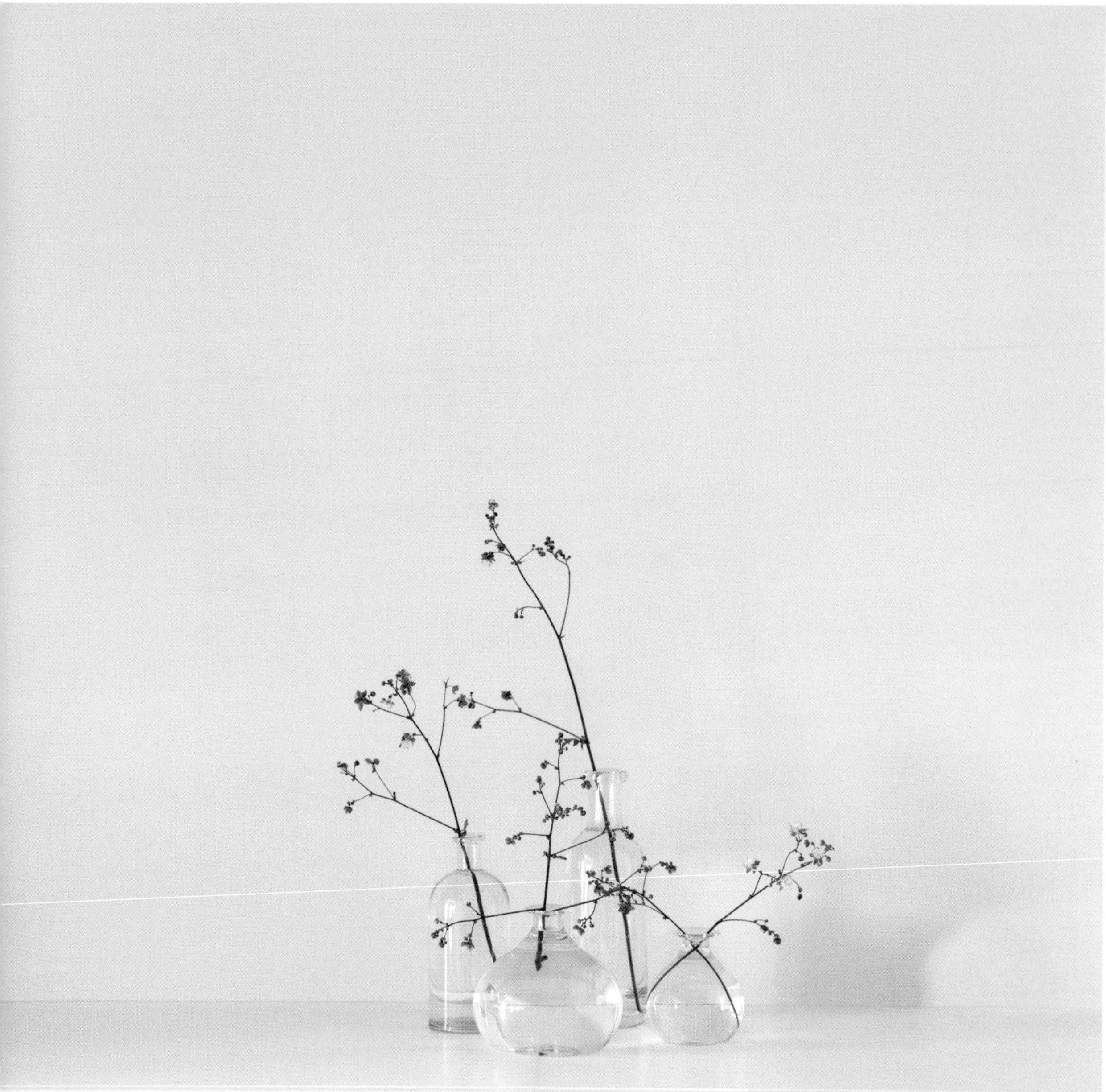

シキンカラマツの細い棒状の茎を高さのバランスを取りながら4本に切り分けて。ガラスは作家ものとヴィンテージのボトルをミックスして高低差でリズムを出します。秋になると必ず1度は買うワレモコウもこうして枝分けします。長持ちするのでしばらく眺められるのもうれしい。

WREATH & SWAG

葉も実も大きな品種のブルーベリーのリースは、おおらかな印象。ベリーの色は熟成の度合いによって、若々しいグリーンから、ピンク、パープルとグラデーションになっているので、それをどう配置するかで仕上がりに個性が出ます。

近所に住む料理家の友人の菜園で育ったハーブをいただいたので、小さなスワッグにしてキッチンのフックに掛けて。乾燥防止に霧吹きをかけると、いい香りが立ち込めるのはハーブならでは。

季節の植物を束ねて
室内に飾ってみましょう

スウェーデンで体験した夏至祭は、カラフルな民族衣装を身にまとった人たちが、夏の花を使って自作したリースを頭にのせていて、まるで童話の世界が目の前に広がっているようでした。ダーラナ地方にある手工芸学校に滞在していた時は、クラスメイトが朝の散歩で摘んできた赤い実と針葉樹でつくった小さなリースがドアに掛けられていました。自然が身近にあり、植物と親しむ日常のワンシーンを見せてもらったようでした。

クリスマスが近づくと、お花屋さんにはもみの木などの針葉樹が並び始めます。毎年針葉樹で冬のリースやスワッグをつくりますが、その間じゅう、森の中にいるかのような樹のいい香りが部屋に漂い、とても癒されます。植物に触れながら無心になれるこの瞬間がクセになり、季節を問わずリースとスワッグづくりにはまっています。

有機的な形の脚付きグラスは、フィンランド製でカイ・フランクがデザインしたもの。細かな気泡が入った厚みのある器は、キャンドルホルダーにしたり植物を生けたり。

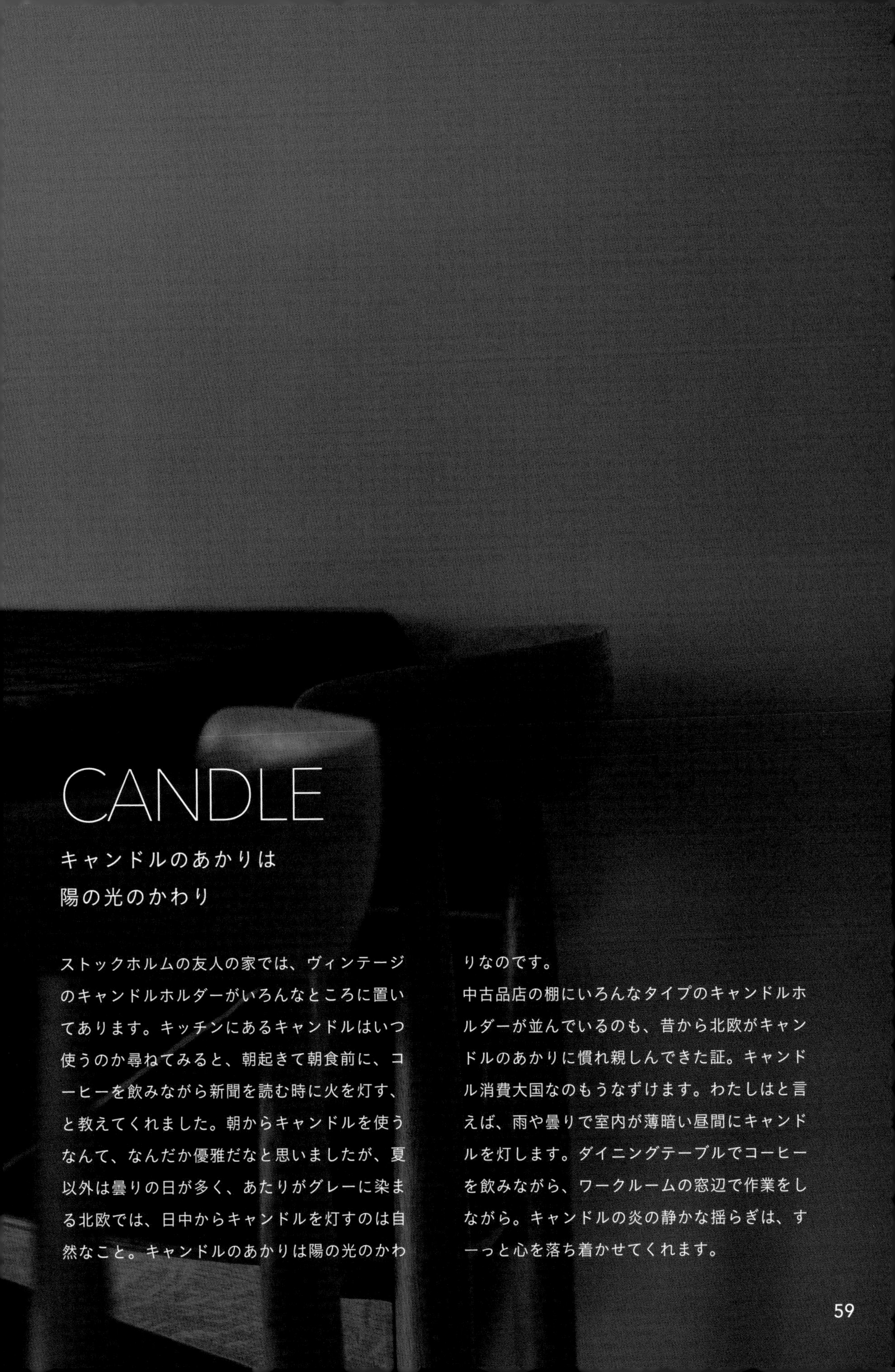

CANDLE

キャンドルのあかりは陽の光のかわり

ストックホルムの友人の家では、ヴィンテージのキャンドルホルダーがいろんなところに置いてあります。キッチンにあるキャンドルはいつ使うのか尋ねてみると、朝起きて朝食前に、コーヒーを飲みながら新聞を読む時に火を灯す、と教えてくれました。朝からキャンドルを使うなんて、なんだか優雅だなと思いましたが、夏以外は曇りの日が多く、あたりがグレーに染まる北欧では、日中からキャンドルを灯すのは自然なこと。キャンドルのあかりは陽の光のかわりなのです。

中古品店の棚にいろんなタイプのキャンドルホルダーが並んでいるのも、昔から北欧がキャンドルのあかりに慣れ親しんできた証。キャンドル消費大国なのもうなずけます。わたしはと言えば、雨や曇りで室内が薄暗い昼間にキャンドルを灯します。ダイニングテーブルでコーヒーを飲みながら、ワークルームの窓辺で作業をしながら。キャンドルの炎の静かな揺らぎは、すーっと心を落ち着かせてくれます。

スウェーデンの中古品店で見つけたキャンドルホルダーは、ホルダーとスタンドを直線でつないだような潔いデザイン。アルネ・ヤコブセンがデザインしたテーブルクロックのグレーと色をあわせて。

カップキャンドル用の分厚いガラスのホルダーは、フィンランドのイッタラ製。〈クーシ〉という名はフィンランド語でもみの木。もみの木がぐるりと一周したデザインは、森の中にキャンドルが灯されているようで、物語を感じます。

高さ違いの円柱形のキャンドルをチークのスタンドにのせてシックな印象に。円柱形のキャンドルは安定感があるので、厚みのあるプレートにのせて使うこともあります。

白地にイカリのマークはグスタフスベリ陶磁器博物館のミュージアムショップで、イエローはストックホルム宮殿のミュージアムショップで購入。ブルーの箱のみフィンランド製で他はすべてスウェーデン製。

SPECIAL MATCH

デザイン王国のマッチは
さすがのデザイン

スウェーデンでよく見かける大きなマッチ。さすがキャンドル消費大国ゆえ、マッチへのこだわりにも目を見張るものがあります。クリスマスや夏の言葉が入った季節モノや、ミュージアムショップのオリジナルなど、どれも個性あふれるグラフィックデザインです。そしてマッチの先端を、箱の色にあわせるというのもさすがのこだわり！　軸の長さ10㎝とビッグサイズですが、これは暖炉に火を灯す時にも使うからだそうです。

白樺の幹からつくられた作品はすべてスウェーデンの木工作家さんの手によるもの。SPOONFULのために制作してもらっていて、もう長いお付き合いです。電動ロクロを使って手づくりされる器は個体差があり、木目や色あいの自然な表情も魅力のひとつです。

AROUND THE TABLE

個性のある素材や形でつくる豊かな食卓

毎日の暮らしでも、とくにゆっくりくつろぐことのできる食事の時間。その日に飲むお酒とグラスをトレーにのせ、料理にあう器を選びます。ひとりの食事でも、ひとつひとつ器を選び、食卓を整えることで食事の時間は豊かになります。友人を招いてフィーカ (スウェーデン語でお茶の時間) や食事をにぎやかに過ごす時は、自慢の器をどうやって組み合わせようか、あれこれ思いを巡らせるのもまた、たのしいひとときになります。
北欧で一番多く買付けるのはテーブルまわりのアイテムです。なかでも古くから伝わる手工芸品には、その土地の環境が影響しています。自然豊かな北欧では白樺や松を使って、日常の暮らしの道具がつくられ、使われてきました。モノがつくられる背景を知ると、自然に手が伸び自分でも使ってみたくなるもの。そんなふうにわが家のテーブルまわりのアイテムは、長い時間をかけて集められ、理想の形に近づきました。
北欧らしいテーブルコーディネイトにするためのコツを聞かれることがありますが、まずは木のアイテムをひとつ加えることを提案しています。北欧で伝統的につくられてきた手工芸品は質が高く、長く使い続けることで風合いが増します。また脚付きの器がひとつあれば、食卓に高低差がついてメリハリが出ます。そしてテーブルセッティングで必ず添えているのがペーパーナプキン。食器は無地で白が多めですが、そこに色や柄の際立ったペーパーナプキンを添えることで、個性のあるテーブルになります。

魚をモチーフにしたチークのトレーは、デンマークのプロダクトデザイナー、J・H・クゥイストゴーの作品。ユニークなデザインは尻尾がハンドルがわりになります。

スウェーデンで見つけたチークのボウルは長方形でハンドル付き。ポテトチップスを盛るほか、付け合わせやトッピングをサーヴする時に使います。

WOODEN BOWL

まずはテーブルにひとつ木の器を
ハンドル付きはいいアクセントになります

カッティングボードにパンやチーズをのせたり、脚付きのプレートにお菓子を盛る。テーブルに天然素材の木の器をひとつ加えるだけで、陶器やガラスなどの硬質な素材では出し得ない、やわらかな雰囲気がうまれます。木製のハンドルがついた四角いボウルやトレーを、丸いプレートが並ぶテーブルにひとつ加えてみると、動きが出ていいアクセントになります。

ひと口に木製品と言っても白樺のナチュラルな色と、ヴィンテージのチークのこっくりとしたブラウンでは印象はだいぶ異なります。どんな色合いがいいか、他の食器との相性を考えて取り入れてみましょう。

WOODEN TRAY

ストックホルムに行くと必ず立ち寄る、手工芸品専門店で買った曲木のウッドトレー。大きな長方形は、朝食に必ず使います。ヨーグルトとフルーツが朝食の定番ですが、昼食のごはんとお味噌汁と副菜にもちょうどいいサイズ。

こちらも曲木のミニトレー。小さなポットとカップがちょうどよく収まるサイズは使い勝手がよく、午後は仕事の合間のフィーカに、夜はワイングラスとカラフェをのせてテーブルで使います。

テーブルにあると落ち着く 木のトレー

意識して集めているわけではないのに、なぜかたくさん持っているアイテムってありませんか？　わたしの場合、ピッチャー、木のボウルやスプーン、カトラリー、お酒用のグラス……。まだまだありますが、トレーもそんなアイテムのひとつ。木製、ステンレス共に複数持っていて、あまりにも多いため、食器棚にトレー専用の収納場所を後から追加したほど。

朝は長方形のトレーにデザートボウルとポットとカップをのせて、昼は丸いトレーに麺類をのせて。夜は小さなトレーにお酒をのせて。食事のシーンには必ず登場する必需品、テーブルにトレーがあるとなぜだかほっとします。とくに長方形のトレーは、器をのせる時、しまう時、どちらにも収まりがよく使いやすいのでおすすめです。形を丸、長方形、と決めてサイズ違いで揃えると、入れ子にできて、きれいに収まるというメリットがあります。

STAINLESS TRAY

アルネ・ヤコブセンがデザインした〈シリンダライン〉のハンドル付きの大きなトレー。ハンドルのつくりが独自のデザインでシャープな印象です。同じデンマーク生まれのステンレスのコーヒーポットとクリーマーをあわせて。

こちらもヤコブセンの〈シリンダライン〉のトレー。深さがあるステンレストレーは、グラスなどが倒れにくいため、カフェで業務用としても使われています。ソファーでお酒を飲む時には、酒器をトレーにのせてスツールの上に置きます。

ガラス素材や白磁と好相性なステンレスのトレー

ステンレスのトレーには、お酒のシーンがよく似合います。夏ならホワイトラムとミントとライムをたっぷり用意してのせ、好みの割合でモヒートを。フルーツのグラニテを作っておいて白ワインで割ったり。わが家のにぎやかなバータイムに、ステンレストレーは欠かせません。

ひと口にトレーと言っても、素材がかわれば印象はかなりかわります。シャープなステンレスのトレーには、手づくり感のあるモノより、工業的な質感が好相性。同じステンレスのポットやガラス素材、白磁のポットやカップをのせると、しっくりきます。

OPEN SANDWICH

スウェーデンの伝統メニューで 気軽なカジュアルランチを

北欧のカフェのショーケースに並ぶさまざまなオープンサンドは、ランチに軽食に、みんなから愛される定番メニュー。いろんな種類がある中で、一番好きなのが小エビとゆで卵のオープンサンドで、長距離列車に乗った時のビストロでも必ずこれを選びます。たっぷりのレモンをしぼって口に運べば、ディルの爽やかな香りが鼻腔をくすぐり、小エビとゆで卵というベストマッチが口の中で溶け合います。そして白ワインとの相性もバッチリ。

自宅でも手軽にたのしめる北欧の伝統的な料理はカジュアルなランチにぴったり。オープンサンドにはライ麦パンや黒パンがおすすめで、卵とマヨネーズを和えたエッグタルタルの上にシュリンプカクテルをたっぷりのせ、ディルを散らしてレモンを添えて。お酒は北欧の夏の風物詩、アクアヴィットを。キーンと冷やしたアクアヴィットは、夏の暑さを和らげてくれます。

「ラズベリーの洞窟」という意味のスウェーデンの伝統菓子ハッロングロットルをガラスのキャニスターに入れ、木製の脚付きプレートにのせて。パープルのデザートボウルはフルーツ用、ジャグとカップは「TEEMA」のグレーを選んで。マリメッコの斜めストライプのテーブルランナーが全体を引き締めます。

紅茶の次はフレッシュハーブティーを。たっぷりのミントと、友人が菜園でとってきてくれたレモングラスをあわせて。ハーブティーはガラスポットでサーヴするとぴったり。

FIKA

「フィーカしない？」
気軽に誘ってお茶の時間でリラックス

スウェーデンではお茶の時間をたのしむことをフィーカといって、1日に何度もフィーカをしながらコミュニケーションをとる風習があります。ストックホルムに行くとフィーカに誘い、誘われます。食事となると、日にちや場所の事前相談が必要ですが、フィーカなら時間や場所を気にせず、いつでもどこでもできます。朝しか時間が取れない時には、「モーニングフィーカだね」と言いながらカフェで待ち合わせます。

気軽に楽しめるフィーカは東京の自宅でも。「今度の週末フィーカしない？」と友人を誘うとよろこんで来てくれます。お菓子やフルーツを用意して、器やテーブルクロス、ペーパーナプキンを選んで。あとはゲストが食べたいお菓子を持ち寄るのがいつものパターン。とかく時間に追われがちな毎日ですが、こんなふうに気軽に集まって、おいしいお菓子を食べながらリラックスできるひとときを大切にしたいものです。

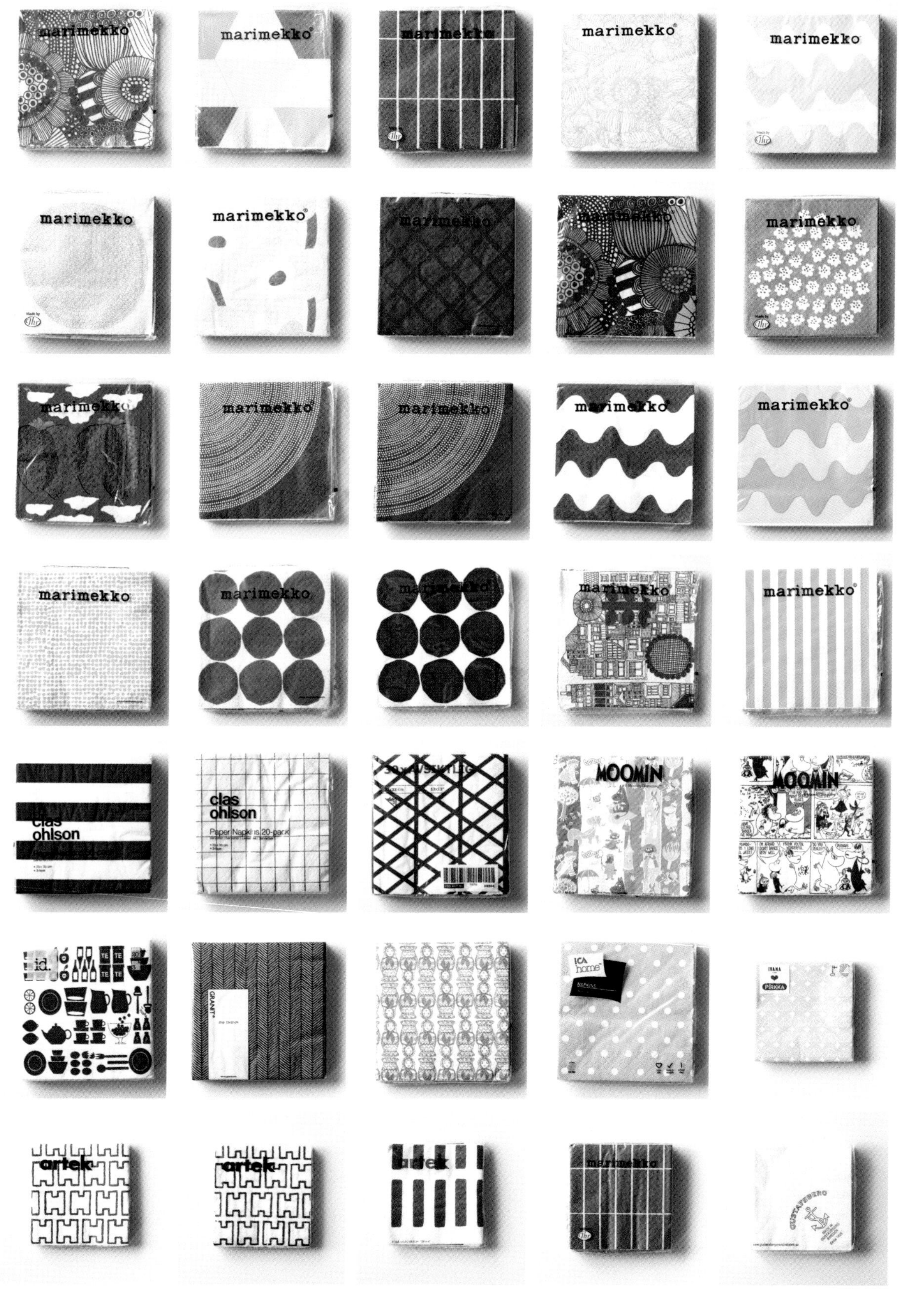
marimekko
marimekko
marimekko
marimekko
marimekko
marimekko
marimekko
marimekko
marimekko
marimekko
marimekko
marimekko
marimekko
marimekko
marimekko
marimekko
marimekko
marimekko
marimekko
marimekko
clas ohlson
clas ohlson
Paper Napkins 20-pack
MOOMIN
MOOMIN
id.
GRANIT
ICA home
IVANA
PIRKKA
artek
artek
artek
marimekko

ブルーベリーケーキを焼いてフィーカのセッティングに添えたのは、マリメッコのユニークなモチーフのミニサイズのペーパーナプキン。木のトレーに敷いた斜めストライプもモノトーンであわせて。

PAPER NAPKIN

カラフルなペーパーナプキンは
テーブルコーディネイトのポイントに

軽くてかさばらないので、おみやげに最適。そして割れ物の間に挟めば、緩衝材がわりにもなる。そんなわけで、旅先で気に入ったペーパーナプキンを見つけてはまとめ買いしているので、わが家のペーパーナプキンの数はかなりのボリューム。リビングの棚１段を専用の収納スペースにしているほどです。食器は無地、色は白が多いので、ペーパーナプキンで色柄を添えてはじめて完成すると言えるくらい、わたしのテーブルコーディネイトには欠かせないアイテムなのです。

「こんなに必要？」という声がどこからともなく聞こえてきそうですが、要不要とは無関係なのがコレクションというもの。こんなにかわいい柄を見つけたら、引き寄せられるのは自然の流れ。これからも買い続けますよ！

OPEN CABINET

「見せながら収める」オープン食器棚で
北欧デザインを目でもたのしみます

キッチンの主役は、「見せながら収める」をテーマに造り付けたオープンタイプの食器棚。すべての食器を扉の内側にしまい込むのではなく、すばらしいデザインの数々を毎日愛でようと考えてこの形になりました。はじめて家を訪れた友人は、ダイニングテーブルに座ってまず目に入るこの棚を興味津々に眺めます。いろんな感想が聞けたり、時には質問されたり。この棚が北欧デザインの魅力を知ってもらうきっかけになったらいいなと思っています。

透明なガラス、白い陶器、ナチュラルな木製品を中心に、色を抑えたニュートラルな状態。下段の白いポットやカップは、「TEEMA」と「ロイヤルコペンハーゲン」のヴィンテージ。同じシリーズを揃えることでまとまりやすく、サイズ違いのアイテムを重ねたり並べたりするとリズミカルに。収まりの良さには機能美を感じます。

それほど大きくない棚に、かなりの数を収めているので、圧迫感が出ないように工夫しています。真ん中の段はガラス素材のモノに限定することで抜けができ、全体を見ても窮屈に感じません。色のバランスも大切ですが、もともと好んで選ぶ色はシックな色合いなので、相性よくまとまります。棚の上辺は天井に付けずに空間をつくり、そこに大きな木のボウルやトレーなどの手工芸品を置くことで個性が出ます。

少し色を加えたパターン。上段左にはGINのボトルにパープルのボトルをあわせ、右側はPINK GINのボトルにあわせクリアなガラスを。中央の色付きガラスを重ねて収めた透明のキャニスターは、大きなサイズはガラス作家・辻和美さん、小さなサイズはスウェーデン在住のガラス作家・山野アンダーソン陽子さんの作品。下段の「TEEMA」はアイボリーからグレーにかえて。

STORAGE

バスケットやいろんな箱を使って中身とのベストマッチを目指して

北欧に惹かれるようになったのは、バスケットをはじめとした手工芸品に触れたことがきっかけでした。つくり手ごとに違ったデザインのバスケットは個性があって、ひとつまたひとつと手に入れたくなる魅力があります。暮らしの道具として古くから親しまれてきたバスケットは、古いものでも丈夫で軽くて使い勝手のよいものばかり。そんなバスケットを手に入れたら、棚の中にしまい込んだりはしません。中に何を入れてどう使うか、最適な生かし方を考え、毎日目に触れる場所に置きます。丁寧につくられたバスケットが部屋にひとつあるだけで、あたたかな雰囲気になります。
買付けで年に3回北欧に通い、これまで実にたくさんのモノに触れてきました。その間、モノを見極めるためのフィルターは多少なりとも精度を上げ、そのフィルターを通して、ほしいと思ったなら手に入れるようにしています。大きな家具は別ですが、雑貨に関しては「どこにしまおう」とか、「似たようなモノ、持ってるよね」という自らへの問いかけはしません。そのためわが家はモノが多く、それをどう収めるかは日常の課題です。
収納には紙箱や木箱やアルミのボックスなど、いろんな素材でできた箱を使います。北欧で手に入れた流通箱はデザインが気に入れば再利用します。その箱にふさわしい中身は何か、あれこれ試行錯誤しながら、箱と中身のベストな組み合わせを見つけるのはたのしい作業です。

OGLA
ÖLK
THE ORIGINAL
OAT-
LY!
mjölk någon gång? Det bo
Way Out West Talks och k
t. Läs mer på oatly.se/wo
Har du provat att g
Eller så kommer du
när Alex & Sigge g
mjölk
Way O
Läs
THE ORIGINAL
OAT-
LY!

HANDLE SLATE BASKET

松の木の幹を薄くスライスして編んだスウェーデンのハンドル付きバスケット。中には床用のワックスやウェス、メラミンスポンジやブラシなど掃除道具をまとめて。少し重さがありますが、しっかりしたつくりなので心配はいりません。置き場所はベビーチェアの下が定位置。

BIRCH RECTANGLE BASKET

白樺の樹皮で編まれたバスケットは、スウェーデンの80代のおじいさんの作品。浅型でA4サイズが入るので、じっくり考える必要がある資料などは、とりあえずここにまとめておきます。展覧会の案内もここにまとめ、時間がある時にスケジュール帳に書き写します。

BIRCH HANGING BASKET

こちらもスウェーデンのおじいさんがつくった壁掛け用の白樺樹皮のバスケット。アンティークショップで見つけたモノを再現してもらい、後に商品化。これは試作品で市松模様が気に入ってます。中にはオンラインショップで使うメッセージカードをまとめて。

12月の新刊 ●13日発売 ちくま学芸文庫

カリスマ

C・リンドホルム　森下伸也 訳

集団における謎めいた現象「カリスマ」について多面的な考察を試み、ヒトラー、チャールズ・マンソンらを実例として分析の俎上に載せる。（大田俊寛）

51059-4
1870円

装飾と犯罪

■建築・文化論集

アドルフ・ロース　伊藤哲夫 訳

近代建築の先駆的な提唱者ロース。有名な「装飾は犯罪である」をはじめとする痛烈な文章の数々に、モダニズムの強い息吹を感じさせる代表的論考集。

51089-1
1430円

絵画の政治学

リンダ・ノックリン　坂上桂子 訳

ジェンダー、反ユダヤ主義、地方性……。19世紀絵画を、形式のみならず作品を取り巻く政治的関係から読み解く。美術史のあり方をも問うた名著。

51090-7
1650円

ワインバーグ量子力学講義 上

S・ワインバーグ　岡村浩 訳

ノーベル物理学賞受賞者が後世に贈る、晩年の名講義。上巻は歴史的展開や量子力学の基礎的原理、スピンなどについて解説する。本邦初訳。

51081-5
1540円

ワインバーグ量子力学講義 下

S・ワインバーグ　岡村浩 訳

「対称性」に着目した、エレガントな論理展開。下巻では近似法、散乱の理論などから量子鍵配送や量子コンピューティングの最近の話題まで。

51082-2
1430円

6桁の数字はISBNコードです。頭に978-4-480をつけてご利用下さい。
内容紹介の末尾のカッコ内は解説者です。

ちくまQブックス

森毅
悩んでなんぼの青春よ
――頭がいいとはどういうこと？

社会と現実の自分のはざまで、ややこしく考え、うろうろする。若い頃はそんなことこそが大事だと稀代の数学者は語る。身近な悩みに答える人生探究の1冊。
25119-0　四六変型判（12月22日発売予定）１２１０円

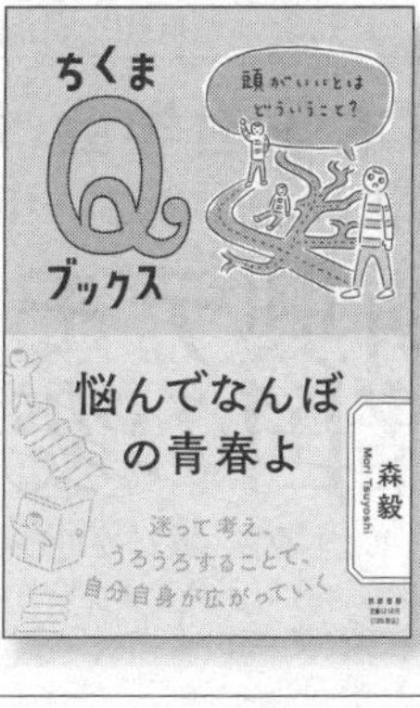

田房永子
なぜ親はうるさいのか
――子と親は分かりあえる？

親が過干渉になる仕組みを、子ども・大人・母親の立場から徹底究明。「逃げられない」あなたに心得てほしいこととは。渾身の全編漫画描き下ろし！
25131-2　四六変型判（12月22日発売予定）１２１０円

6桁の数字はISBNコードです。頭に978-4-480をつけてご利用下さい。

横山雅彦／中村佐知子

英語のハノン　中級

――スピーキングのためのやりなおし英文法スーパードリル

既刊『英語のハノン　初級』の続編。初級で扱った日常会話を、高校や大学で使うもう一段レベルが高い話し言葉にブラッシュアップするためのドリル満載。

81685-6　A5判（12月13日発売予定）１８７０円

ラス・ハリス　**岩下慶一 訳**

自分自身にやさしくすれば悩みの出口が見えてくる

――マインドフルネスと心理療法ACTで人生のどん底からはい上がる

死別、離婚、失業、天災、疫病など、突然襲いかかる過酷な現実から立ち直るには？　傷ついた自分をやさしく抱きしめるマインドフルネスなやり方を伝える。

86477-2　四六判（12月2日発売）１８７０円

日本政治学会 編

年報政治学2021－Ⅱ

新興デモクラシー諸国の変貌

「民主化」を成し遂げ安定した国づくりへ進んだはずの新興デモクラシー諸国に、今何が起こっているのか。その変貌の本質を多角的に検証する。

編集委員長=平田武

86738-4　A5判（12月22日発売予定）5280円

6桁の数字はISBNコードです。頭に978-4-480をつけてご利用下さい。

BIRCH CUBE BASKET

キューブ型のバスケットはフィンランドの「ヴェルソデザイン」の現行品。耳のようなハンドルは厚みのある白いフェルト。大きいサイズにはトイレットペーパーを、小さいサイズにはポケットティッシュやポーチをまとめ、バスルームの棚の上に並べて。

SLATE DEEP BASKET

フィンランドのアンティークショップで見つけた深いバスケットは、もともとは暖炉の薪入れ。壊れかけたハンドルは取り外して、以前はプチプチ入れにしていましたが、今は新しくつくったショップの包装紙を立てておくのにぴったりで重宝しています。内側には私物のポスターも収めています。

SLATE BASKET STAND

ハンドル付きで小さな脚がついた縦長バスケットは、ボトルを運ぶためのものかワインボトルがちょうど入るサイズ。ある日ふと思い立って、ベッドサイドのスツールの下に置いたらぴったり収まり、寝室のゴミ入れに決定。

WILLOW OVAL BOX

柳を使って曲木の手法で作られたシェーカースタイルのオーバルボックスは、フィンランドの木工作家さんの作品。DMや好きなブランドのシーズンカタログなど、取っておきたい紙ものはここにまとめて。色合いがぴったりのスウェーデンのヴィンテージスツールの上が定位置。

BIRCH ROUND BOX

スウェーデン、ダーラナ地方の手工芸店でひと目惚れした丸型のボックスは、白樺樹皮を重ねて成形し、白樺の根っこを割いてフチをかがり、中心には格子状のステッチ入り。中にはコーヒーや茶葉などを入れ、上にはポットマットをのせ、キッチンカウンターに。

P68のトレーと同じ木工作家さんがつくったフタ付きの曲木のボックス。長方形をサイズ違いで揃えることで重ねた時の収まりがいい。長方形で深さがあるので収納力はたっぷり。上のボックスには北欧各地の地図や電車の路線図などを、下には取っておきたい紙袋をまとめて。

ファイバー素材のEPレコード専用のボックスは、スウェーデンのヴィンテージ。スモーキーなブルーやグレーにマットゴールドのパーツの組み合わせが気に入り購入。映画やライブDVDの専用ボックスにして。

BOX STORAGE

ルックスのいい箱モノは 収納しながら飾ります

バスケット好きには箱も好きという人が多く、もちろんわたしもそのひとり。モノが多いため収納問題とは一生付き合わなければなりませんが、どうせなら大好きな箱を取り入れて、きれいに収めながら問題解決したいところ。ひと口に箱と言ってもいろんな素材があって、それぞれに良さがあります。しっとりとした質感の曲木のボックスや、スモーキーな色合いが美しいファイバーボックス、さらりとした麻布を貼った正方形のボックス、アルミの色がきれいなボックス。これらの中に、さまざまなモノを分類して収納します。
ボックスのルックスの良さを生かして、リビングの棚の下に重ねて置いたり、ワークルームのオープン棚に並べて、飾りながら収納もできているのです。

フィンランドで見つけたヴィンテージのチーズドームは、ガラスとチークをあわせたモノ。ガラスの中には、ロットスロイドという白樺の根を割いてつくる、スウェーデン北部の伝統工芸のブレスレットを重ねて。隣には同じテクニックでつくられたブローチを並べて。

どちらもスウェーデンで見つけた鳥をモチーフにしたヴィンテージの陶器。右はこげ茶色の地に、孔雀を思わせる鳥の模様が彫られていて、ブルーのグラデーションが効いてます。左のベージュとカーキの正方形のフタ物はピアス入れに。

ACCESSORY

アクセサリートレーに
食器を使ってみる

買付けをしていると時々どうしてもほしくなるアクセサリーが見つかります。北極圏の遊牧民サーミ族の人々がつくる独特な手工芸品といった地域性のあるもの、冬素材のフェルトやウールを使ったものなど、丁寧な手仕事が感じられるモノには、人を惹きつける力があります。
アクセサリーはかさばりはしませんが、小さなピアスなどはそろえてしまって、使いたい時にすぐ出せるようにしたいもの。棚の中の1段を使って、ピアス、ブレスレット、ブローチと分け、それぞれトレーに並べています。
使用頻度の高いアイテムは、食器をアクセサリーのトレーがわりにして、棚の上に出しておきます。

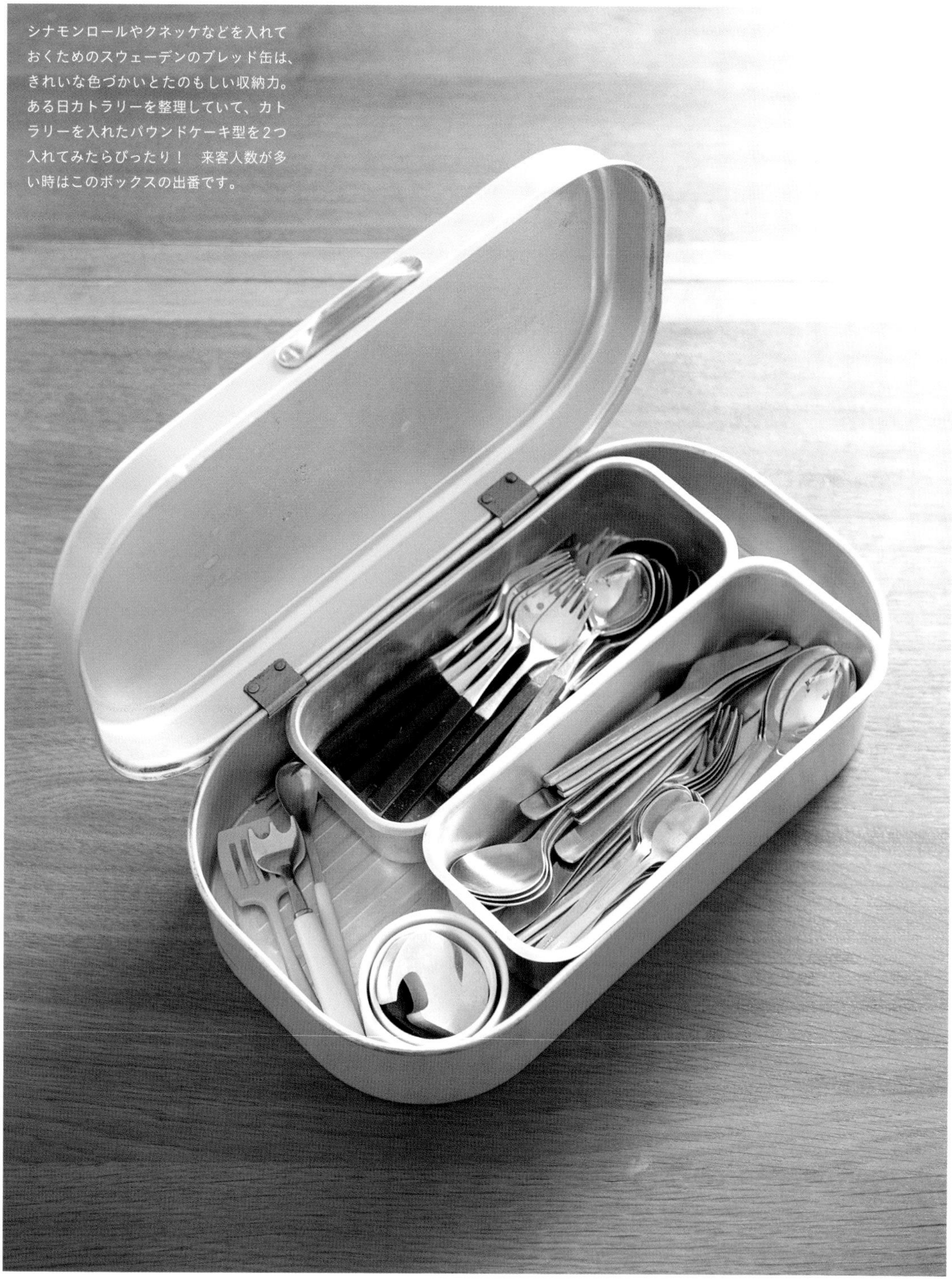

シナモンロールやクネッケなどを入れておくためのスウェーデンのブレッド缶は、きれいな色づかいとたのもしい収納力。ある日カトラリーを整理していて、カトラリーを入れたパウンドケーキ型を2つ入れてみたらぴったり！　来客人数が多い時はこのボックスの出番です。

CUTLERY

引き出し式の食器棚に3つを重ねて収納。左はバターナイフやコーヒースプーンなどの小さなサイズ、中央は同じシリーズでディナーサイズをまとめ、ふだん使い用に3人分をセット。右はサーバーやチーズスライサーなどの大きなサイズを。

アルミのパウンドケーキ型を使って大量のカトラリーをスマートに収納

「コレクションしよう！」と心に決めたつもりはないのに、どんどん増えるカトラリー。ヴィンテージのため、シリーズごとに「6人分コンプリート」を目指すうちにかなりのボリュームになりました。ハンドルにチークや樹脂を使っているモノや、オールステンレスのシュッとしたデザインのモノ、SASの機内食で使われていたモノ……。まだまだありますが、それだけ北欧のカトラリーは、心を揺さぶるグッドデザインが多いということなのです。

カトラリーを入れるのに最適なのが、アルミのパウンドケーキ型。軽くて深さがあってたくさん入るため、ショップのストックの収納にも大活躍。中古品店で見つけては手に入れ、カトラリーをシリーズごとに分類してしまいます。

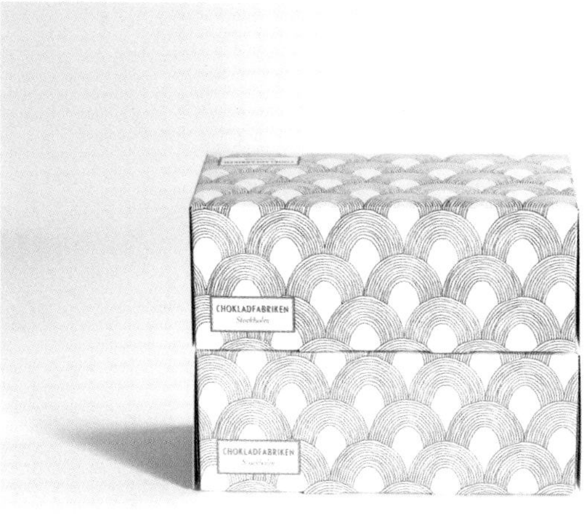

ストックホルムのチョコレート専門店のケーキ用ボックス。友人の家でのフィーカの手みやげに持参し、空いた箱を自ら回収したもの。白地に黒い線画のシンプルなグラフィックの箱には、アクセサリーの小箱などをしまって。

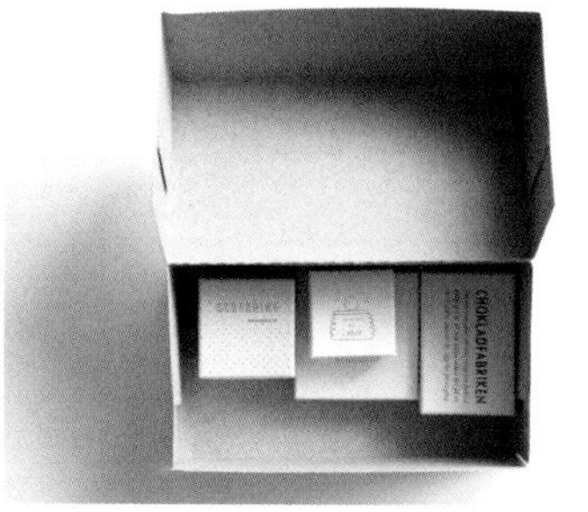

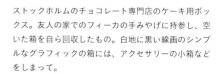

鮮やかなブルーの箱は、ドイツのグミメーカー〈HARIBO〉の流通箱。ヨーロッパの子供たちはグミが本当に好きで、スーパーマーケットのグミ売り場のなんと広いことか。グミはずっしりしているので、流通箱も厚くしっかりしていて助かります。中には小さく切ったプチプチ、電球をまとめて。

スウェーデンのフリーマーケットで入手したダークグレーの紙箱は、ゴーグルが入っていたもの。棚の中を整理しながら、何を入れようかいろんなモノを当て込んでいたら、P63のスペシャルマッチがぴったりと収まるではないですか！ 日本の湿気に耐えられるように、きちんとしまっています。

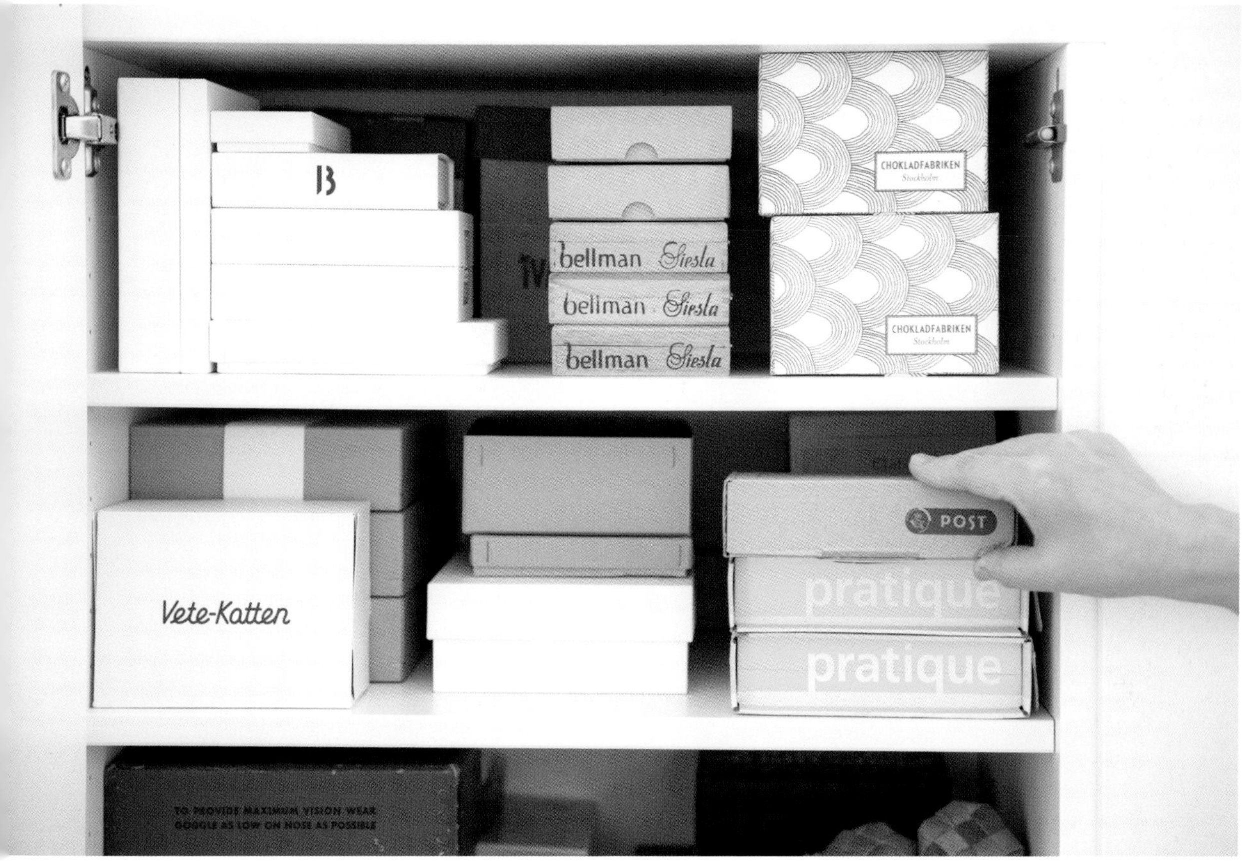

フタ付きの箱は、同じものが複数あると重ねられるという利点があります。封筒やポストカード、タグなどの紙モノを入れた浅い紙箱は2つ、3つと重ねて使用。

BOX REUSE

グッドデザインの箱は
再利用すれば収納に大活躍

旅先で買付けたモノを梱包する時には、小さな箱が役立つため、スーパーマーケットで食品の流通箱を手に入れます。流通箱は色づかいやグラフィックが秀逸で、おまけにしっかりしているので、荷解きを終えた後も収納に使おうと取っておきます。箱を選ぶ時サイズや色柄をバラバラにせず、複数で揃えると収まりがよくなり、扉を開けた時の見た目もスマートになります。

FINN JUHL HUS

デンマークの首都コペンハーゲンからバスで30分ほど行くと、森の中にオードロップゴー美術館の看板が見えてきます。その奥にひっそりと佇む白い建物がフィン・ユールハウスです。フィン・ユールは建築家でありプロダクトデザイナーで、アルネ・ヤコブセン、ハンス・J・ウェグナーらと共に、北欧のモダンデザインを牽引し、今もなお影響を与え続けている巨匠のひとりです。

フィン・ユールハウスは彼が30歳の1942年に完成し、亡くなる77歳まで暮らした自邸。建物はL字に造られ、そのL字の内側には大きな窓があるため、家の中からは芝生の中庭やその向こうにある森がつながって見え、自然との一体感を感じます。広い室内には仕切りがなくオープンなので、より広く感じられます。

玄関のつきあたりには、ガラス越しに光が差し込むガーデンルームがあり、北欧らしいきれいなブルーのソファーと椅子がゲストを迎えます。

リビングへ進むと暖炉のコーナーがあり、フィン・ユールの代表作である、ふたり掛けソファー「ポエト」が置かれ、その背後には大きな肖像画が掛けられています。描かれているのは彼の妻ハンネで、マスタードイエローのニットにグリーンのスカートという鮮やかな色が空間によく映えます。暖炉とソファーと肖像画のあるコーナーは、この家でもとても印象に残ります。

ダイニングルームは、鮮やかなグリーンの椅子がチークのテーブルを囲み、照明は低く吊り下げられています。ベッドルームに続く廊下には、本棚と天井までの高さのクローゼットを設えて。広さに余裕があるにもかかわらず、廊下脇の壁を収納スペースにして空間を余すことなく使うことで、機能的かつ美しく仕上げています。玄関近くの書斎は細長いスペースで、巨匠の書斎にしては小さいように思えますが、コンパクトな空間は自然と集中できるもの。窓際に沿って細長いデスクを設えて窓からは森が見渡せる、ひとりになって考え事をするには理想的な書斎です。

広い室内の至る所に、コレクションしていたさまざまな絵画や個性的な彫刻が点在し、アートを愛していたことが伺えます。一見、いろんなテイストがミックスした空間に見えますが、そこに自身がデザインした家具を全体にちりばめることで、ひとつの空間として調和させているのはさすがのひと言。家具のテイストが一貫していれば、空間はまとまるということを、巨匠の自邸で学ばせていただきました。

KUNST
BERLIN

AALTO HOUSE

アルヴァ・アアルトは1920年代から1970年代まで、フィンランドの建築やデザイン業界を牽引してきた建築家兼プロダクトデザイナーです。首都のヘルシンキには、アアルトが手掛けた建物がたくさんあり、中には書店やレストランとして現在も使われていて、巨匠のデザインを身近に感じることができます。
公共の施設には、天井から自然光を取り入れるスカイライトがよく用いられ、採光を常に意識していたアアルトの配慮が感じられます。住居も数多く建築したアアルトは、そこでも光を室内にどう取り込むかを課題としてきました。北欧の厳しい自然環境の中で、室内でいかに快適に暮らすか、生涯をかけて考え、工夫を凝らしたのです。
ヘルシンキ郊外にあるアトリエ兼住居の自邸で彼は、1936年から亡くなるまでの40年間、家族と暮らしました。1階はピアノが置かれた広いリビングとダイニング、キッチン、そしてリビングから引き戸でつながるアトリエ。2階はよりプライベートな家族だけのフロアで、暖炉のあるリビングや寝室、スカイライトのあるバスルーム、小さな書斎があります。
アトリエのアアルトとスタッフのための作業スペースの奥、レンガの階段を上がったところには、天井までの本棚を設えた小さなスペースがあります。ひとりになって考え事をしたい時は、自身がデザインした〈シエナ〉という柄のカーテンを閉め、ここに籠もっていたのかもしれません。

1階のリビングの窓は天井まである大きなもので、アアルトの光に対するこだわりがここにも見て取れます。
もうひとつのこだわりは自然の取り入れ方。中庭に出てみると、壁には蔦がみっしりと絡まっていて、まるで建物が包まれているかのよう。これは設計段階から計画していたことで、図面には壁に蔦を這わせるための棒が具体的に描かれています。そして室内の窓辺にも観葉植物を置くことで、外の豊かな緑とつらなっているように感じられ、人と自然とのつながりを大切に思う北欧の人々のあり方がここにも見られます。

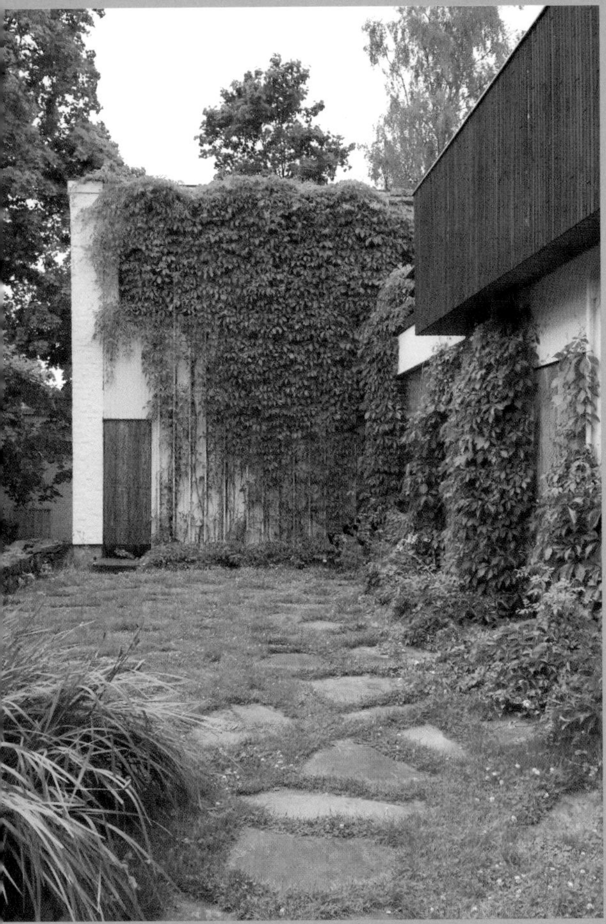

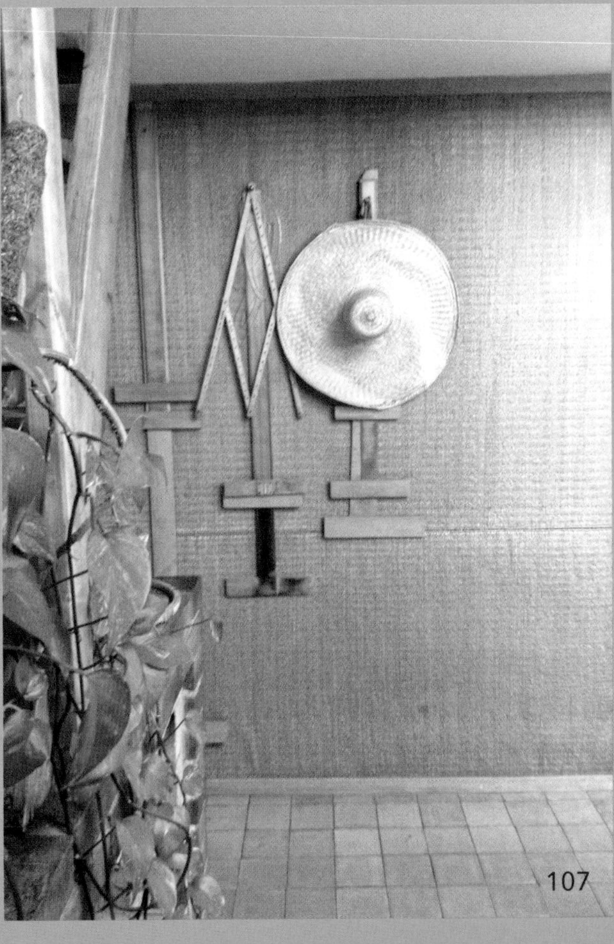

北欧家具talo

北欧家具taloはオーナーの山口太郎さんが、フィンランドとデンマークに足繁く通って買付けたヴィンテージ家具が、店舗にした倉庫の高い天井までずらりと並んで圧巻です。デンマークのチークを使ったテーブルや椅子に加え、アアルトがデザインしたヴィンテージの家具は、他ではなかなか見られない充実ぶり。しっかりとメンテナスされた商品は購入後6カ月間、無料でキープしてもらえて、価格はリーズナブル。オンラインショップでほしいアイテムが見つかれば、次回入荷の連絡もお願いできます。

神奈川県伊勢原市小稲葉2136-1
TEL 0463-80-9700
https://talo.tv

STOOL 60
STOOL 60
artek
STOOL 60
artek.fi
CHAIR 65/N65

Made in FINLAND

haluta
karuizawa
instock showroom

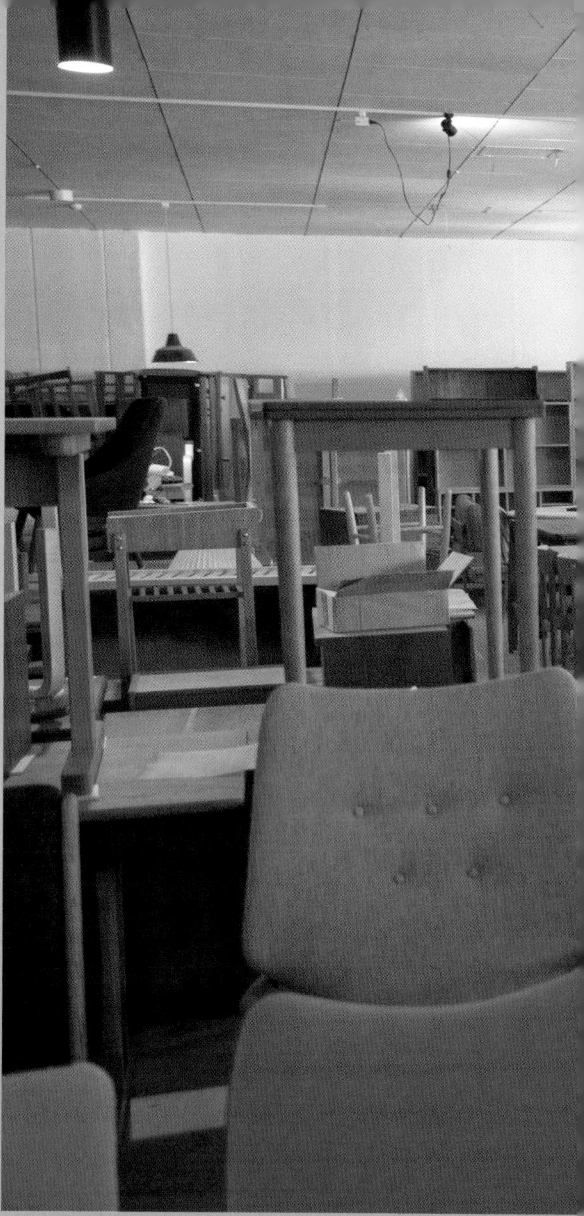

軽井沢の西側にあったドライブインをリノベーションした商業施設still《シュティル》の2階に、上田から移転したhalutaがオープンしました。広々とした空間には、ヴィンテージのダイニングテーブルや椅子、ソファーがずらり並んでいます。デンマークに拠点があるため、デンマーク製家具の充実ぶりは圧巻！ 同じ施設内にある工房で6名のスタッフによって修理されているので、安心して暮らしに取り入れられます。「家具は『引き継ぐ』もの」をコンセプトに、時代を超えていいモノを使い続ける北欧の人々の精神が、halutaを通して日本でも引き継がれています。

長野県北佐久郡軽井沢町追分1372-6 still 2F
TEL 0267-46-8814
www.haluta.jp
2021年12月末オープン・ご来店の際には必ずHP等をご確認ください。

快適な暮らしに欠かせない収納術とモノの手入れ

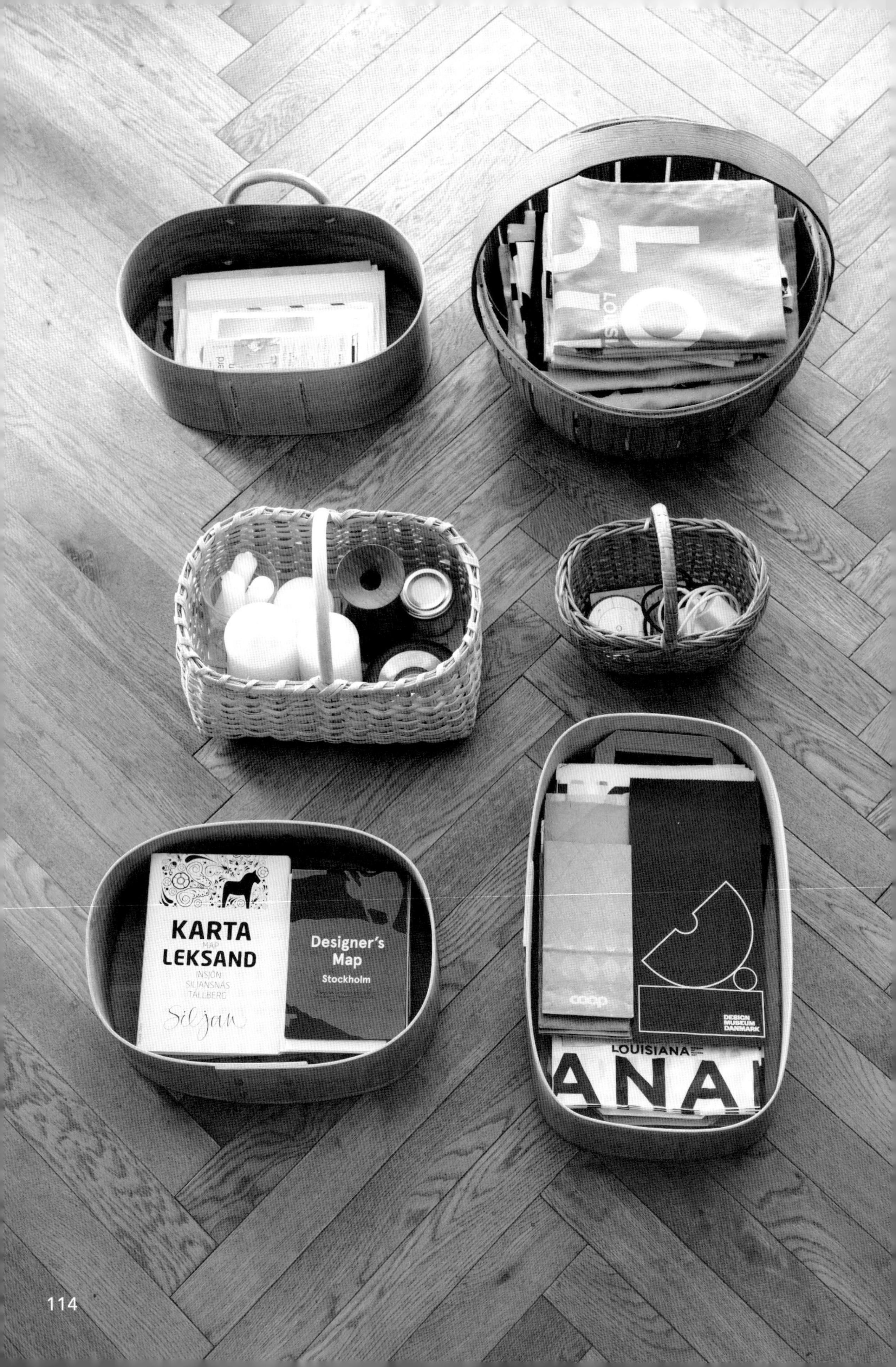
KARTA
MAP
LEKSAND
INSJÖN
SILJANSNÄS
TÄLLBERG
Siljan
Designer's
Map
Stockholm
coop
DESIGN
MUSEUM
DANMARK
LOUISIANA

大切なのは
収納の前に分類すること

エコバッグにペーパーナプキン、ミュージアムショップの紙袋や電車の時刻表などの印刷物、凝った網目模様のウールの手袋など、わたしの偏った好みの表れとして、振り返ると極端にボリュームのあるアイテムがいくつかあります。
旅先で目に留まり、気に入って手に入れたモノは大切にしていますが、とはいえ、しまうスペースには限りがあります。そこで気をつけているのは、きちんと分類すること。例えばエコバッグはこの木箱に、と1カ所にまとめます。しっかり分類しておけば、どれくらい持っているかが把握でき、必要な時にすぐ取り出すことができます。「使いたい時に見つからない」という、探し物に時間を費やすストレスは、できるだけ避けたいですよね。
カテゴリーごとに分類したら、バスケットや木製のボックスを使って収納します。収納箱がわりにバスケットや木箱などの気に入ったアイテムを使うと、整理整頓も気分良くできます。そして定期的に収納の中身を見直して、何をどれくらい持っているか把握します。ボリュームがありすぎて、入りきらなくなった時が整理をするタイミングです。
季節のかわり目に、クローゼットの洋服の入れ替えをするので、それにあわせて他のアイテムも見直すようにすると、収納の中身が常にアップデートできます。大切なのは自分が持っているモノをいつも気にかけることでしょうか。せっかく縁あって手に入れたモノは、日々の暮らしに役立てるのが一番。モノが多すぎてコントロールできなくなった時は、手放すことも考えます。それを所有するのにふさわしい人が現れたらさっと渡す。公私共により良いモノを探すことが人生のテーマではありますが、モノにはなるべく執着せず、ニュートラルでいたいと思っています。

バスケットや木箱を使って分類。右上から時計まわりにエコバッグ、ケーブルや照明のリモコン、紙袋のコレクション、北欧各地のマップや路線図、キャンドルまわりのアイテム、美術館のチケットなどの紙モノ。

MAKE SENSE
OLLE T. CELTON EFTERRÄTTER
EKSTEDT ÖVER ÖPPEN ELD
LOMELINOS PAPER
KRISPIGA SALLADER
FRUKOST
RIDDARBAGERIETS BRÖD
RIDDARBAGERIETS SÖTA
Surrur
The New Nordic
Trettiofem vantar
SOURDOUGH
Finn Juhls akvareller
NORDIC LIGHT MODERN SCANDINAVIAN ARCHITECTURE
BULLAR DANIEL LINDBERG
Real Nordic Living
FOR LIFE KITCHEN
THE MAGICAL CUISINE OF DRAKAMOLLAN
FRIENDLY BREAD
All you need is love bread and love
SCANDINAVIAN BREAD METTE ANKARLØ
TRÅDEN DEN SKÖRA
phenomenon marimekko
Sticka mönster
STIG LINDBERG
NATURLIGT
pekka suhonen artek
cat cake!
LET'S MAKE GREAT FINGERPRINT ART
HEMSLÖJD
FIKA - THE SWEDISH WAY
scandinavian design
TASCHEN
gastronomi og gæster
cooking with
dick bruna
RICHARD BERTINET
Nordic Bakery COOKBOOK
FIKA
LOMELINOS GLASS
MANDELMANNS KÖKSBOK

システム収納の一部を大判専用の本棚に

本棚はB5サイズ用とA4サイズ用に分け、B5サイズ用の本棚は、寝室の壁に取り付けたスウェーデンの「ストリング」というシステム家具を2台つなげて。A4サイズはリビングのシステム収納に棚を設けて、そこを専用の本棚にしました。北欧で洋書を買う時「1回の買付けで3冊まで」と、一応ルールを決めていますが、年に3回買付けに行くので、年間10冊近い洋書が増え、溜まる一方です。過去に本棚から溢れ出し、しばらくソファー下を占拠する時期がありましたが、1度それを許してしまうとボリュームを把握しづらくなり、中身を見直すこともしなくなります。このままではいけない、とある日一念発起してかなりの量を整理しました。それからは、所有する量は本棚に収まる数を上限にして、あとはところてん方式。収まりきらなくなったら見直しをして、友人にプレゼントしたり、数が多ければ、洋書の買取りをしてくれる古書店にまとめて送ります。

この部屋に造り付けてあった天井まで高さのあるシステム収納は、3枚の扉をスライドさせるタイプで、使いやすさ抜群。本の上には型崩れさせたくない革のバッグやバスケットを並べ、下には小引き出しが収まったチェストを。もともと持っていたチェストがここにぴたりと収まった時は、両手を挙げて喜びました！

パナソニックのシステム収納に棚を設置して本棚に。4段中1段は日本のレシピブックや暮らしの本で、3段は北欧の洋書。下のチェストは日本の古道具を白くペイントしたもので、奇跡的にここにぴったり収まって。

扉を開けた時の美しい風景を意識して

リビングの棚には、IKEAの「ベストー」を4つつなげて壁付けしています。スウェーデンの友人が使っているのを見て同じものを探しました。ペーパーナプキンやCDといった同一サイズのたくさんのモノを立てて収納している棚以外は、箱やバスケットを駆使して収納しています。ケーキが入っていた箱、キャラメルの箱など、文字や柄、箱の手触りが気に入って持ち帰ったものを収納ケースとして使います。そして同じものを追加して、2段、3段と重ねて使えば、きちんと収まり、見た目もきれいです。

箱の色は白を中心にナチュラルやイエローを選んで色を絞って。同じ箱を何個か重ねることで、真っ直ぐなラインがうまれてすっきり見えます。中段右はスイス郵便局の郵送用の箱、その上はデンマーク郵便局のもの。下段の白樺のバスケットには、シカやクマなどの小さな動物の置き物をまとめて。

扉の中の収納にバスケットや箱を使うと、出し入れがスムースで掃除もしやすいメリットがあります。真ん中の段の大きなバスケットは浅くて、A4サイズが入るので、考える時間が必要な書類は、とりあえずここへ。いろんなことの決断は割と早いほうですが、保険の見直しを勧める書類など、近い将来への備えと言われても、どこまですべきなのかは、結論は簡単には出ません。いずれ答えを出さないといけない事柄は、このバスケットにまとめ、時間ができた時に一気に片付けます。

上の段はアクセサリーコーナー。アルミのパウンドケーキ型にはヴィンテージのプラスティックのブレスレット、ピアスは細かく仕切られたお菓子の型に入れて白いトレーに並べて。下の段の木箱とバスケットには、キャンドルとそのホルダーをまとめて。

引き出し式の食器棚は使いやすさと収納力、どちらも抜群です

キッチンのカウンター兼引き出し式の食器棚は、引き出しごとにカテゴリー分けしています。一番上の段は使用頻度の高いお茶まわりのアイテムとグラス類にして、浅めにつくりました。2段目は陶器の銘々皿、木のボウルやガラスのボウルを重ねて。3段目はオーバルなど変形のお皿やオーブン皿、漆器を。一番下は来客時に使うような、大皿や深さのあるボウルを収めるため、少し深くしました。引き出し式は出し入れがしやすく、1度に俯瞰できるのも魅力です。

年末には、すべての食器をリビングの床に出します。これを友人に話すとびっくりされますが、こうすることで引き出しの拭き掃除にあわせて、食器全体の量の把握と使用頻度の確認ができます。しばらく使ってない、出番の少ない器があれば、最適な行き先を考えて、友人や姉妹に譲ると喜んでもらえます。食器棚に余裕をつくっておけば、次の年に北欧で見つけるであろう器を収めることができます。年に1度の器の循環は、大切な年末の大仕事です。

一番上の引き出しは浅くつくって、お茶まわりのカップやクリーマー、ミニサイズのプレートやカトラリーをまとめて。

スウェーデンの木工作家さんが作るボウルは、入れ子状態できれいに収まってくれるので見た目もすっきり。ガラスアイテムのほとんどは辻和美さんの作品。

ボウルと同時にカトラリーも一緒に手入れして。

木製品は
亜麻仁オイルでしっとりさせて

スウェーデンの木工作家さんがつくる白樺のボウルは、削った後、仕上げに亜麻仁油を使っているので、ふだんの手入れにも食用の亜麻仁油を使っています。木のボウルは、他の食器と同様、油モノをのせた時には食器用洗剤で洗うので、少し白っぽくなったなとか、表面が乾燥したなと感じた時がお手入れのタイミング。亜麻仁油をお皿に出して、ウェスで磨きます。せっかくなので、他のアイテムもひと通り確認して、まとめて手入れするのがおすすめです。油にもいろんな重さがありますが、わたしはイタリア産のライトテイストタイプを使っています。使い心地がさらっとしていて扱いやすいです。

重曹はガラスのボトルに移しかえて。

汚れ落としに欠かせない
2つの助っ人

買付けてきたポットの中がコーヒーの色素でびっくりするくらい茶色くなっていたり、鍋の内側が汚れている時は、重曹でぐつぐつ煮出してから磨くときれいになります。一度で落ちない場合はこれを何度か繰り返すとピカピカになります。どこか古ぼけた印象のポットや鍋が輝くこの瞬間が好きで、毎回気合いを入れてキッチンに立ちます。

日々ていねいに洗っているつもりでも、茶渋って知らず知らずのうちに蓄積されますよね。白い器だと茶渋残りはより目立ちますが、そんな時はメラミンスポンジを使います。洗剤いらずで、陶器やガラスの汚れがよく落ちるので、大判サイズをサイコロ状にカットしたものを、ガラス瓶に入れて常にストックしておきます。

無色透明、植物性の「オスモワックスアンドクリーナー」。

年に2回は
ヘリンボーンのワックスがけを

わが家で一番の自慢、ヘリンボーンの床。本物と長く付き合いたかったので無垢材にこだわりました。この床にしたくてリノベーションしたのですから、床の手入れは念入りにしています。建築家の方にすすめられたドイツ製の「オスモカラー」で年に2回、定期的にワックスがけしています。「オスモワックスアンドクリーナー」は無色透明で植物性なので環境にもやさしく、汚れを落としながらワックスを浸透させます。10年経った無垢の床は、北欧の数十年経っている床に比べたらまだまだですが、少しずつ味わいを増しています。ダイニングの床の下は床暖房を設置しているので、水分は要注意です。

特に摩擦が起きる背もたれと座面の手入れは念入りに。

家具の手入れは
スプレータイプで気軽にこまめに

以前テーブルを買った時に、「肌の手入れをするように、家具の手入れもしてあげてください」とつくり手の方に教えられ、なるほど！と思いました。それくらい日常的に手入れができると理想的ですが、わが家では、スプレータイプの「HOWARD」のオレンジオイルを使っています。家具の手入れには、一度磨いて時間を置いてから二度拭きをするものもありますが、これは二度拭きいらず。艶がなくなったと気づいた時に、すぐに手入れができるところが気に入っています。椅子は背もたれと座面が摩擦によって特に艶がなくなるので、そこだけ部分的に手入れをすることもあります。

皮の座面には「サフィール」の補修クリーム。

レザーの手入れは
ローションとクリームで

南側の窓から入る冬の日差しは暖かくて大好きですが、ソファーのサイドテーブルとして置いているレザースツールは、自然光にさらされることで乾燥して艶がなくなり、濃い色は少しずつ退色します。買った頃には深いネイビーだった座面は、日焼けによって白っぽくなるので、日頃は乳液タイプのさらっとしたレザーローションで保湿します。
ネイビーの色の退色が気になってくれば、レザー用クリームで色を補います。「サフィール」のレザーローションはビーワックスとホホバオイルを主成分にしているので作業中の香りも気になりません。

中身をすべて出して、表、内側共に拭きます。

バスケットの手入れは
内側にも気配りを

バスケットは中に何かを収めながら部屋のあちこちに置いているので、気をつけていないとホコリがたまります。わたしはフタのついていないハンドル付きのバスケットが好きなので、収納に使っているのもフタのないオープンタイプばかり。フタがないと内側のホコリが気になるので、時々中のモノをすべて出して、ブラシでホコリを払ったり、堅く絞ったふきんで拭いたりして、汚れを取り除きます。床置きにしているバスケットは、とくに底のまわりにホコリがたまりやすいので、床掃除の時にチェックしてホコリを取り除きます。素材によっては、木製品と同じように亜麻仁油で手入れをしています。

おわりに

はじめてスウェーデンを訪れたのは1999年。ストックホルムの街を歩いてみると、湖にはいくつもの橋が架けられ、緑は豊かで空は広く、思わず深呼吸したくなるくらいきれいな空気。そうだ、ここは「森と湖の国」と謳われているんだ、と思い出し納得したのでした。それから数え切れないほど渡航を繰り返していますが、この街のいい印象は20年以上経った今でもまったく変わりません。

緯度の高い北欧では冬の日照時間は短く、北極圏では「極夜」と呼ばれる太陽が昇らない状態が２カ月近く続くそうです。他の地域であっても日は短く暗い日々が続きます。夏以外の時期にスウェーデンに滞在していると、空は厚い雲に覆われてずっとグレーのまま。その厚い雲からうっすら陽の光が差し込むだけで、張りつめた冷たい空気がふわっと柔らかくなる瞬間が感じられ、陽の光のありがたみが身に染みます。現地の友人が、「冬はほんの少しでも陽の光を浴びられただけで『今日はいい１日だった』って思えるのよ」と話してくれたことがあります。北欧の人たちにとって太陽の存在は、わたしには想像もつかないくらい、尊いものなのだろうと感じました。
日照時間をコントロールすることはできませんが、寒さ対策は万全を期しています。戸建てでも集合住宅でも建物の断熱性、気密性は共にとても高く、窓は２重３重の腰窓が基本。その下には温水を循環させるパネルが設置され、窓からの冷気をシャットアウトします。現地の人たちは真冬でも半袖のTシャツで過ごせるくらい、快適な室温です。
１年の半分が冬という北欧では、室内でいかに快適に過ごすかをとても大切に考え、工夫しています。窓辺には植物やキャンドルなどの小物を飾り、大小の間接照明を室内に点在させて光のグラデーションをたのしみ、食事の時間以外にもフィーカをしながら家族が集ってコミュニケーションをとる。北欧では古くから優れたデザインの家具や照明、鮮やかなファブリックや食器などがうみだされてきましたが、その背景には、市井の人たちの暮らしに対する意識の高さが、大きく影響しているのだと思うのです。

北欧には諸外国から高い注目を集める事柄がいくつもあります。「幸福度」や「男女平等」の世界ランキングでは北欧各国は上位に入り、グリーンエネルギーやＩＴの先進国。そして福祉や育児などの社会制度の充実など、ちょっと思いつくだけでもいろいろ挙げられます。どれも国民が暮らしやすいように、未来を見据えて長年にわたって積み重ねてきたことが、実を結んでいるのでしょう。長年スウェーデンが続けていることの一つに中古品店の運営があります。日々の暮らしで不要になったものを中古品店に持っていき寄付し、それに値段を付けて必要な人が購入する。不要になったものを捨ててしまうのではなく、他の誰かが再利用することで循環させる。こうすることでゴミを減らすことができ、売り上げは生活困窮者の暮らしの手助けにもなるのです。このモノを循環させる取り組みは、スウェーデン国営、ストックホルム市営、そして民間で行われ、人々はこの中古品店を便利に活用しています。驚くことにこの仕組みは1928年から90年以上も続いているのです。この仕組みを知った時は「なんてスマートな取り組みを実践しているんだろう」と驚き、それまでどこか漠然としていた「持続可能な社会」という言葉の意味を、深く理解することができました。

住まいは戸建ても集合住宅もリノベーションして住むのが一般的で、地震が無いため100年以上前に建てられたアパートメントも未だ現役です。みんな子供の頃から古い建物に慣れ親しんでいるため、リノベーションしながら住みつないでいきます。使い込まれていい風合いに育った床などはそのまま生かしつつ、家族構成にあわせて間取りを変え、理想の空間をつくります。そこに中古品店で見つけた家具を修理してペンキを塗り、生まれ変わった家具を中心に、好みのインテリアを組み合わせることで、個性のある住まいがつくられていきます。わたしが自宅をリノベーションした10年前は、日本ではまだそれほど浸透していなかったのですが、ここ数年でリノベーションは一気に注目度が高まったと感じています。自分好みの空間をつくり、少しの意識で日々を快適に暮らすたのしさを、もっとたくさんの人たちに知って欲しいと願うばかりです。

KALLES
ORIGINAL
HÅLLBART FISKE
350G.

おさだ ゆかり

山梨県生まれ。2005年に北欧雑貨を扱うショップ「SPOONFUL（スプーンフル）」を立ち上げる。現在はオンラインショップと予約制の実店舗を運営しつつ、全国各地でイベントを行う。年に3回は買い付けで北欧を訪れているので、すでに40回以上、北欧を旅していることに。2010年からは北欧ツアーを企画・案内するなど、活躍の場は広がるばかり。著書に『北欧雑貨をめぐる旅』『北欧ヴィンテージ雑貨を探す旅』（産業編集センター）、『北欧スウェーデンの旅手帖』『北欧雑貨手帖』（アノニマ・スタジオ）、「わたしの北欧案内 ストックホルムとヘルシンキ」（筑摩書房）、ムック『わたしの住まいのつくりかた 北欧風リノベーションとインテリア』（主婦と生活社）がある。「ほぼ日」サイトで「北欧365旅日記」を毎日更新中。

写真 ——— 有賀 傑
　　　　　おさだゆかり　p9、21、41、81、98-107、126-127
デザイン —— 渡部浩美

協力 ——— 株式会社talo
　　　　　株式会社haluta Livet

北欧《ほくおう》スタイルでたのしむインテリア

新鮮《しんせん》な暮《く》らしをつくるわたしのアイデア

2021年12月25日　初版第1刷発行

著　者　おさだゆかり
発行者　喜入冬子
発行所　株式会社 筑摩書房
　　　　東京都台東区蔵前2-5-3　〒111-8755
　　　　電話番号　03-5687-2601（代表）
印　刷　凸版印刷株式会社
製　本　凸版印刷株式会社

ISBN978-4-480-87912-7 C0077